일 따위를 삶의 보람으로 삼지 마라

仕事なんか生きがいにするな
— 生きる意味を再び考える

泉谷閑示 著

幻冬舎 刊

2017

SHIGOTO NANKA IKIGAI NI SURUNA:

IKIRU IMI WO FUTATABI KANGAERU

by KANJI IZUMIYA

Original Japanese edition published by Gentosha, Inc., Tokyo

일 따위를
삶의 보람으로
삼지 마라

나답게 살기 위해 일과 거리두기

이즈미야 간지 지음 ㅇ 김윤경 옮김

북라이프

옮긴이 | **김윤경**

한국외국어대학교를 졸업하고 일본계 기업에서 통번역을 담당하다가 일본어 전문 번역가로 방향을 돌려 새로운 지도를 그려나가고 있다. 바른번역 아카데미 일본어 번역과정을 수료하고 현재 바른번역 소속 번역가로 활동 중이다. 옮긴 책으로는 《일류의 육아법》, 《나는 단순하게 살기로 했다》, 《만두와 사우나만 있으면 살 만합니다》, 《나는 착한 딸을 그만두기로 했다》, 《끝까지 해내는 힘》, 《모델-미래의 기회를 현재의 풍요로 바꾸는 혁신의 사고법》 등 다수가 있다.

일 따위를 삶의 보람으로 삼지 마라

1판 1쇄 발행   2017년 12월 20일
1판 4쇄 발행   2021년 8월 17일

지은이 | 이즈미야 간지
옮긴이 | 김윤경
발행인 | 홍영태
발행처 | 북라이프
등 록 | 제313-2011-96호(2011년 3월 24일)
주 소 | 03991 서울시 마포구 월드컵북로6길 3 이노베이스빌딩 7층
전 화 | (02)338-9449
팩 스 | (02)338-6543
대표메일 | bb@businessbooks.co.kr
홈페이지 | http://www.businessbooks.co.kr
블로그 | http://blog.naver.com/booklife1
페이스북 | thebooklife
ISBN 979-11-85459-96-7 03300

'근로'가 미덕이라는 믿음이
현대사회에 막대한 해를 끼치고 있다.
—
버트런드 러셀

우리는 삶에서 의미를 느끼지 못하면 살아갈 수 없는 특이한 성질을 지닌 유일한 동물이다. 인간은 '말'이라는 특별한 도구를 사용하게 되면서 정교하고 섬세한 의사소통이 가능해졌으며 '생각'도 할 수 있게 되었다. 그리고 이로써 '살아가는 의미'를 묻는 가장 인간적인 행위도 생겨났다.

　오늘날 우리는 물질적이고 위생적인 면에서, 무엇보다 정보화라는 측면에서 다양한 결핍과 오류를 없앰으로써 상당히 편리하고 안전한 생활을 손에 넣었다. 하지만 윤택해진 현대에서 '삶의 의미'를 느낄 수 없어 고민하는 사람들이 급격히 늘고 있다.

'온도가 높은' 고민에서 '온도가 낮은' 고민으로

정신과 의사인 내가 예전에 주로 다룬 문제는 애정결핍, 열등감, 인간에 대한 불신처럼 뜨거운 감정에 따라 일어나는 고민, 즉 '온도가 높은' 고민이 대부분이었다. 하지만 요새는 자신이 무엇을 하고 싶은지 모르겠다는 고민, 즉 존재 가치나 살아가는 의미에 관한 상담이 많아졌다. 혼자 남몰래 고뇌하는 '온도가 낮은' 고민이 주가 된 것이다.

지금까지의 정신의학이나 심리학은 주로 온도가 높은 고민이나 정신질환을 다루는 데 역점을 두었던 탓인지 온도가 낮은 문제에 대해서는 본질을 파악하지 못하고 있는 듯하다. 최근 급격히 증가한 소위 '신형 우울증'을 둘러싸고 불거진 일부 정신과 의사들의 비판적 발언은 이러한 사실을 극명하게 보여준다. 기존의 접근방식으로 대처할 수 없다는 조바심 때문인지 치료자로서의 무력감을 숨긴 채 재빨리 태도를 바꿔 '이러한 증상은 애초에 환자의 의지박약이 원인으로 정신의학이 최선을 다해 다룰 가치가 없다'라고 천연덕스럽게 문제의 본질을 바꿔치기 하고 있다. 이는 심리학에서 잘 알려진 '신 포도의 기제'라는 방어기제에 의한 것으로 자신의 자존심을 지키기 위해서 대상의 가치를 깎아내리는 왜곡된 합리화다.

이런 편협한 정신론이 전문가의 견해라고 언급되면 세상에서는 그 이론이 마치 학문적으로 정론인 듯 인지된다. 가뜩이나 자신감을 잃고 위축되어 있던 환자들은 '신형 우울증'에 대한 편견 때문에 자책감까지 짊어져 정신적으로 한층 더 궁지에 몰리는 경우가 많다.

가장 인간적인 고뇌여야 할 온도가 낮은 고민을 다룰 수 없다면 정신의학도, 심리학도 이름만 그럴듯할 뿐 내실은 실망스럽다는 비난을 면치 못할 것이다.

하지만 이러한 문제에 경종을 울린 전문가가 있었다. 《죽음의 수용소에서》의 저자로 유명한 유대인 정신과 의사 빅터 프랭클 Viktor Frankl은 1977년에 출간한 그의 또 다른 책 《무의미한 삶의 고통》Das Leiden am sinnlosen leben을 다음과 같은 말로 시작한다.

> 어느 시대나 나름의 신경증이 있고 또한 나름의 정신요법이 필요하다.
> 오늘날 우리는 이미 프로이트의 시대처럼 성적인 욕구불만과 대결하는 것이 아니라 실존적인 욕구불만과 맞서고 있다. 오늘날의 전형적인 환자는 아들러의 시대처럼 열등감에 고민하는 게 아니라 정체 모를 무의미감으로 괴로워하고 있다. 이는 공허함과 관련되어 있

기 때문에 나는 이를 실존적 진공眞空이라고 부른다.

_ 《무의미한 삶의 고통》, 빅터 프랭클

    지그문트 프로이트Sigmund Freud가 문제로 삼은 '억압'에 관한 주제나 알프레드 아들러Alfred Adler가 문제로 삼은 '인간관계에 대한 고민', '열등감'이라는 주제가 현대라고 해서 사라진 것은 아니다. 프랭클은 시대의 변화 속에서 중심 주제가 더욱 실존적인 내용으로 바뀌고 있음을 예리하게 알아차리고 지적했다. 여기서 프랭클이 말하는 '실존적 욕구불만', '정체 모를 무의미', '공허함'이야말로 내가 '온도가 낮은 고민'이라고 이름 붙인 그것이다.

    프랭클은 1905년 오스트리아 빈에서 태어났는데 유대인이라는 이유로 나치스의 강제수용소에 갇혀 혹독한 경험을 겪었다. 하지만 다행스럽게도 살아 돌아와 자신의 경험을 깊이 고찰했고 이를 《죽음의 수용소에서》라는 책으로 펴냈다.

    프랭클은 이 책에서 인간에 관한 중요한 진실을 밝힌다. 인간이라는 존재는 '살아가는 의미'를 잃어버리면 정신이 쇠약해질 뿐만 아니라 생명 자체도 쇠약해져 마침내 죽음에까지 이를 수 있다는 사실이다.

    그가 목격한 이 진실은 강제수용소라는 한계 상황에서만 볼

수 있는 특수한 일이 아니라 겉보기에 평화로운 생활을 꾸려나
가는 우리에게도 그대로 적용되는 보편적인 이야기다.

그는 이것을 상당히 오래전에 지적했지만 우리는 어리석게
도 그가 울린 경종에 귀를 기울이지 않고 중요한 '실존적 물
음'을 어딘가에 잃어버린 채 오늘에 이르렀다.

헝그리 모티베이션의 종말

사람은 아주 어렵고 힘든 상황(글쓴이는 이를 '헝그리'라는 말
로 표현한다. ─옮긴이)에 부딪히면 어떻게 해서든 그 일을 해결
하려고 애쓰며 문제만 해결되면 행복해질 거라고 생각한다.
하지만 실제로는 문제가 해결된다 해도 아주 잠시만 기쁠 뿐
금세 다른 부족함이 마음을 헤집고 들어와 다시 처음처럼 헝
그리한 상태에 빠진다.

이렇게 처음에는 행복해지기 위한 수단이었던 것이 어느 사
이엔가 자기목적화되어 출구 없는 욕망의 악순환이 생겨난다.
경제적 안정을 추구하고 편의성 향상을 목표로 했던 일도 이와
같은 자기목적화의 순환고리에 의해 비대해진 결과, 오늘날과
같은 경제지상주의와 과잉정보시대가 초래된 것이다.

인류가 헝그리 정신으로 달려온 지금까지를 '헝그리 모티
베이션의 시대'라고 이름 붙인다면 최근 수년 동안 '실존적인

물음'이 늘어난 것은 이 시대가 서서히 종말을 향해간다는 징후일지도 모른다.

극단적인 표현을 빌리자면 헝그리 모티베이션에 의해 움직이던 인간은 벌레와 같은 행동원리로 움직였다고 할 수 있다. 즉, 배고픔에서 벗어나고자 식량을 찾아 이동하고 위험할 때는 안전한 곳으로 몸을 피한다. 이는 모든 생물의 근본을 이루는 행동원리이므로 결코 잘못되었다고 할 수 없다. 하지만 절대적인 결핍에서 해방된 현대인이 헝그리 정신의 악순환에 더욱더 빠져들어 탐욕스럽게 부와 성공을 좇으며 정보수집에 홀린 오늘날의 모습은 어리석기 짝이 없다. 최근 젊은 세대를 중심으로 실존적인 물음을 고민하는 상담자가 늘어나는 현상은 어느 사이엔가 물질적이고 경제적인 만족이 포화점에 달해 이것만으로 더는 우리에게 '살아가는 의미'를 부여할 수 없다는 사실을 나타낸다.

그런데 배고팠던 옛 시절에는 모든 사람이 한결같이 헝그리 모티베이션에 따라 움직이고 행동했을까?

하루하루 양식을 확보하는 데 기를 써야만 했던 상황에서는 많은 사람에게 실존적인 물음 같은 건 생각할 수도 없었던 이야기임이 틀림없다. 하지만 그러한 환경에서도 오늘날과 마찬가지로 실존적인 고뇌와 당당히 맞섰던 사람들이 분명히 존재한다. 곤궁한 상황에서 벗어나 있던 일부 혜택받은 사람들뿐만 아니라 생활은 궁핍했을지라도 과감하게 실존적인 물음과 마주한 사람도 있었던 것이다.

살아가는 의미를 묻는 나쓰메 소세키의 '고등유민'

나쓰메 소세키夏目漱石도 대표적인 인물 중 한 사람이다. 그의 소설에는 소세키 자신의 실존적인 고뇌를 그대로 드러내는 인물이 자주 등장한다. 당시에는 그들을 '고등유민'高等遊民이라고 일컬었다. 고등유민은 러일전쟁 전부터 사용된 표현으로 구제중학旧制中学(1947년 일본에 학교교육법이 시행되기 전 남자에게 중등교육을 실시했던 학교 중 하나—옮긴이) 이상의 고등교육을 받았으면서도 일정한 직업이 없는 사람을 가리키는 말이었다. 그들은 국가의 장래를 책임져야 할 엘리트로서 고등교육을 이수했지만 일자리가 부족한 상태여서 졸업을 해도 좀처럼 정규직으로 취업하지 못했다. 이는 당시 심각한 사회문제로 대두되었다.

그들은 고도의 학문을 익힌 덕분에 예로부터 내려온 촌락 공동체의 봉건적 가치관에서 벗어나 '근대적 자아'에 눈뜬 사람들이었다. 그들이 실존적인 고뇌에 사로잡힌 것도 이 근대적 자아가 이끈 필연이었다. 다만 지성을 갖추었기에 지배자들에게는 성가신 존재로 인식되기도 했다. 직업을 갖지 못한 '유민'遊民들의 불만이 원인이 되어 언제 어느 때 체제를 향한 반역을 꾀할지 모른다는 이유로 국가에서는 이들을 두렵고 위험한 존재로 여겼던 것이다.

그렇다고 해도 고등유민 문제는 국민 전체로 보면 국한된 사람들에게 일어난, 어디까지나 한정적인 문제에 불과했다. 하지만 현대에는 많은 사람이 고등교육을 받고 있는데도 니트족, 프리터족, 워킹푸어와 같은 신조어가 잇달아 생겨날 정도로 취업환경이 열악해졌다. 현대의 고등유민 문제는 이미 옛날처럼 한정적인 데 머물지 않고 사회 전체에 인식될 만큼 큰 문제로 대두되었다.

동일본대지진(2011년 3월 11일 일본 도호쿠 지방에서 발생한 대규모 지진으로 초대형 쓰나미를 동반해 2만여 명의 사상자를 냈다.—옮긴이)으로 인한 사망자 수를 훨씬 웃도는 자살자가 매년 계속해서 나오는 문제라든지 어느 직장에서나 급증하고 있는 신형 우울증 문제를 생각할 때, 경제와 고용 문제가 사회적인 불안을 일으키는 원인임을 밝히는 논의가 빈번히 이루어지고 있다. 하지만 이는 어디까지나 헝그리 모티베이션의 가치관을 전제로 한 사고방식을 벗어나지 못한 채 문제의 한쪽 면밖에 인식하지 못하는 것이다. 헝그리 모티베이션 이후의 문제, 즉 근대적 자아에 눈뜬 인간이 안고 있는 실존적인 고민이라는 중요한 측면은 완전히 간과되었다.

헝그리 모티베이션으로 나아가기만 해서는 안심할 수 없는 지금, 인간만이 가질 수 있는 동기가 요구되는 시대에 우리는 과연 어떠한 가치관으로 무엇을 지침으로 삼고 살아갈 수 있을까. 현대의 '고등유민'이야말로 이 새롭고 근원적인 문제를 정면으로 마주한 존재일 것이다. 하지만 살아가는 의미를 묻는 것 자체가 쓸모없는 일이라는 냉소적인 말도 여기저기서 들려오기에 실존적인 고뇌를 안고 있는 사람들은 점점 더 곤혹스럽기만 하다. 이러한 말은 대개 예전에 한 번은 살아가는 의미를 물어보았지만 결국 그 해답을 얻지 못해 좌절한 사람들이 퍼뜨리는 것이다. 실존적인 물음에 좌절한 그들의 르상티망ressentiment(원한, 시기 또는 질투를 뜻하는 니체의 용어—옮긴이)은 질문 자체를 쓸데없는 일로 치부해버리고 싶은 것이다.

포기하지 않는 한 실존적인 물음에는 반드시 출구가 있기 마련이므로 허무주의적 발언에 현혹되어서는 안 된다. 나는 임상을 통해 실존적 고뇌에서 벗어나 살아가는 의미를 찾는 데 성공한 환자들이 감격하는 모습을 수없이 보았다. 인간이 인간 본연의 모습으로 다시 태어나는 매우 감동적인 순간으로, 나는 이것을 '제2의 탄생'이라고 부른다.

사회적 성공이나 세상의 상식에 얽매이지 않고 이 세계와 사람들을 위에서 내려다보듯 한눈에 바라볼 때, 인간에게는 반드시 실존적인 물음이 눈앞에 나타난다. 이 명제에 고뇌하는 일은 다른 생물은 하지 않는 '인간만의' 행위이며 이때야말로 인간다운 정신이 작용한다.

　　이 책은 이러한 실존적인 물음과 마주할 때 반드시 나타나는 다양한 주제에 관해서 앞선 지식인들의 사상을 정면으로 다루고 있다. 그래야만 현대인이 안고 있는 공허함의 정체나 고뇌에서 벗어나기 위한 실마리도 떠오를 것이다. 또한 앞으로 과연 무엇을 보람으로 삼고 살아갈 수 있을까 하는 주제에 관해서도 언급하고 있다.

　　길이 나 있지 않은 길을 걸어갈 때, 이 책이 고독한 사색의 이정표가 되어주기를 바란다.

이즈미야 간지

| 차례 |

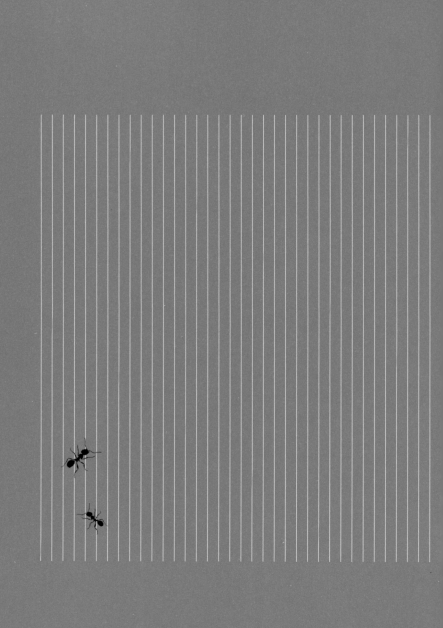

제1장

살아갈 의미를
잃어버린 현대인

사람은 자신의 내면에 자리 잡은 공허감을 쫓아내기 위해서 물건을 채워 넣는다. 이러한 사람이 바로 수동적 인간이다. 수동적 인간은 자신이 보잘것없는 존재라는 불안한 마음에 그 불안을 잊으려 소비하고, 소비인이 된다.

__《인생과 사랑》 중에서

꿈 없이
편하게 살고 싶다

. . . .

최근 다양한 미디어를 통해 젊은 세대가 '뭘 하고 싶은지 모르겠다' 또는 '특별히 하고 싶은 일도 없다'고 하는 말을 자주 듣는다. 심지어는 초등·중학생에게 꿈을 물어보면 '즐겁게 살고 싶다'거나 '편하게 살 수 있다면 그걸로 충분하다'는 대답을 하기도 한다. 실제로 나에게 찾아와 상담을 청하는 사람들 중에도 같은 고민을 토로하는 이가 많이 늘었다.

그들은 공통적으로 자신이 무엇을 좋아하고 무엇을 싫어하는지 별로 생각해본 적이 없다고 한다. 어릴 때부터 부모가 일방적으로 정해준 예체능 교실이나 과목별 학원에 다니며 입시를 향해 달려가느라 자신이 좋아하고 싫어하는 것을 깊이 생각하거나 말해보지도 못한 채 수동적으로 자란 것이다. 막상 진로나 직업을 선택할 시기가 되어 주위 사람들이 불쑥 "뭘 하고 싶어?", "장래희망은 뭐니?" 하고 물어보면 아무 대답도 하지 못하고 그저 곤혹스러워할 뿐이다. 어찌 보면 당연한 결과일지도 모른다.

자신이 좋아하는 것과 싫어하는 것을 분명하게 밝히는 일은 자아 표현의 첫걸음이다. 다만 호불호가 형성되었다고 해도 처음부터 '좋아'라는 대답이 나오지는 않으며 '싫다'라는 의사 표현부터 하기 마련이다.

두세 살 무렵의 아이가 무조건 "싫어, 싫어." 하는 것이 첫 번째 자아 표현인 셈이다. 이 시기에 아이들은 "밥 먹어."라고 해도 "싫어!"라고 반응하고 "그럼 먹지 마."라고 해도 "싫어!" 하고 대응하기 때문에 부모 입장에서는 난감한 심술꾸러기처럼 보일 수 있다. 하지만 아이의 "싫어."라는 말에는 자신의 분명한 주장이 들어 있다. 바로 "나에게 지시하지 마세요!"라는 뜻이다.

자아를 자연스럽게 표현하는 일은 가장 먼저 타인에게서 독립성을 확보해야만 시작할 수 있다. 설령 상대가 자신의 양육자라고 해도 자신이 식민지 상태에 놓인다면 결코 자유롭게 의사를 표명할 수 없다. 그래서 "싫어."라는 반항으로 자신의 영역을 확보하려는 독립운동을 펼치는 것이다. 이 의사표현이 자아의 기본을 이룬다. 무엇을 하고 싶다거나 무엇을 좋아한다거나 또는 장래에 어떻게 되고 싶다는 의사 표현은 그 후에나 겨우 가능하다. 정해진 순서가 있는 셈이다. 하지만 부모가 자신의 가치관으로 아이를 옭아매며 "다 너를 위해서야."라는 명목을 내세우면서 '아니요'를 허용하지 않는 상황에서는 참고 살아야 하는 아이들이 살아남을 길은 주체성을 포기하는 방법밖에 없다. 무엇보다도 중요한 자아의 기본인 호불호에 대한 의사 표현이 이런 식으로 봉인된다.

자아의 싹이 잘린 채 자라난 그들의 간절하고도 소박한 희망이 더 이상 누구에게도 강요받고 싶지 않다는 바람, 즉 성가신 일은 최대한 줄이고 조금이라도 편한 인생을 살아가고 싶다는 형태로 발현되는 것은 필연적인 결과일지도 모른다.

우울증의 뿌리는
자아 상실

　　　　　　　　　　　　부모나 사회가 요구하는 일을 수
동적으로 해나가면서 인생의 의미 같은 건 생각해본 적도 없
이 그저 하루하루를 넘기며 살아가는 삶은, 진정 살아 있다는
기쁨을 느끼지는 못하겠지만 그래도 어느 정도까지는 가능할
것이다. 하지만 인간다운 삶의 핵심이라고 할 수 있는 우리의
'마음'은 그러한 상태를 언제까지나 허용하지도 참아주지도
않는다.

　개인마다 차이는 있겠지만 그 사람의 인내 탱크가 가득 찼
을 때 '마음'은 따로 떼어 생각할 수 없는 '몸'과 협력해서 어떤
식으로든 신호를 보낸다. 식욕이 없어지기도 하고 모든 일에

흥미를 잃기도 한다. 괜히 예민해지거나 잠을 잘 이루지 못하는가 하면 업무에서 어처구니없는 실수가 늘어나는 등 다양한 방법으로 신호를 보낸다.

이러한 신호를 무시하고 그냥 지나치면 '마음=몸'은 머지않아 파업을 단행한다. 어느 날 갑자기 아침에 일어나지 못한다거나 회사 또는 학교에 갈 수 없는 상태가 되기도 한다. 우울증의 시작이다.

최근 우울증은 주로 진단 기준 매뉴얼에 따라 진단이 내려진다. 따라서 어느 정도 이상의 '우울 상태'에 해당되면 자세한 내막을 따져 구분하지 않기 때문에 단 한마디로 '우울'이라고 표현하더라도 그 안에는 다양한 병태病態가 존재한다.

이러한 매뉴얼 진단이 시행되기 전에 원래 우울증(속칭 고전적 우울증)이라는 말은 제대로 된 약물요법이나 입원 치료가 꼭 필요한 중증의 병태를 가리켰다. 하지만 최근에는 증상과 요인이 예전과 똑같지 않다. 그중에서도 흔히 신형 우울증으로 분류되는 다양한 우울증 증상은 취업이나 진학에는 지장을 주지만 그 외의 일에서는 아무 문제없이 활동할 수 있기 때문에 주위 사람뿐만이 아니라 치료자에게까지 꾀병이 아닌가 하는 의심을 받기도 한다. 하지만 이는 완전히 잘못된 견해다. 환자가 호소하는 증상에 진지하게 귀 기울여보면 정말로 고전적인 우울증과 상당히 다른 성질의 고뇌와 병리가 존재하는 것을 발견한다.

그들에게는 각자 다양한 사정으로 자아의 싹이 잘린 채 성장해온 내력이 있다. 그래서 겉으로는 인생을 순조롭게 살고 있는 듯 보여도 그 내면에는 '살아갈 동기'라는 동력이 결여되어 있어 마치 광차(광산이나 탄광에서 광석 등을 운반하는 데 사용하는 차량—옮긴이)와 같은 상황이었던 것이다.

아무 탈 없이 잘 지낼 때는 본인 자신도, 주위 사람들도 그것이 문제라고 생각하지 못하지만 레일 위에 작은 돌멩이 하나에만 걸려도 앞으로 나아가지 못하는 광차 말이다. 처음부터 피동적으로 떠밀려 관성으로 달리고 있었기 때문에 '그 정도 벽은 뛰어넘어야 해!'라고 아무리 강하게 밀어붙여도 도저히 동력을 찾지 못하는 것이다. 우울 상태에 빠진 사람은 이렇게 움직이지 못할 정도가 되고 나면 그제야 자신에게 살아갈 동기가 없다는 사실을 알아차린다.

이 동기의 부재는 '진정한 자아가 없다'는 데서 생겨난 문제이므로 나 자신이 무엇을 하고 싶은지 그리고 무엇이 싫은지를 물어봐도 아무 대답도 하지 못하게 한다. 오랫동안 '아니요'라는 의사 표현이 금지된 채 자신의 목소리를 못 내고 살아왔기에 이제는 그렇게 취급받아온 본인마저도 주장을 포기하고 입을 꾹 다무는 것이다.

이러한 환경에서 비롯된 우울 상태이므로 치료하려면 매우 조심스럽게 자신의 존재를 자각할 수 있는 수준까지 접근해야 한다. 아무리 약물요법을 실시한다 한들 동력이 없는 광차에 연료를 붓거나 연소 활성제를 넣는 것과 다름없으니 원리적으로 효과가 나타날 리 없다.

최근 주요 치료법으로 쓰이는 인지행동요법도 어디까지나 인지와 사고의 편향을 '머리' 수준에서 일깨워 바로잡으려는 실용적인 방법이므로 주체적 자아를 깨달을 수 있는 실존 수준까지 깊이 있게 변화를 이끌어낼 수는 없으며 그것을 목적으로 하지도 않는다. 또한 복직을 위한 프로그램도 권장하지만 어디까지나 휴직으로 인한 공백을 메우고자 취업 능력과 대인관계 기술을 재활하는 데 목적을 두기 때문에 환자 자신의 실존적 문제 해결에는 도움을 주지 못한다.

이러한 치료법과 프로그램은 원래 몸담았던 환경에 재적응하기 위한 방법이므로 오히려 살아가는 의미 같은 건 묻지도 않았던 '옛날의 자신'으로 돌아가기 위해 재훈련하는 시도라고 할 수 있다.

하지만 살아가는 의미를 추구하는 일은 매우 인간적이고 필연적이며 영혼이 원하는 것이기에 설령 어떤 치료법이나 프로그램을 끝마쳤다고 하더라도 그 사람을 실존적 물음을 묻지 않았던 옛날 상태로 되돌릴 수는 없다. 단지 이직하면 어떻게든 해결된다거나 하는 단순한 이야기도 결코 아니다.

해결 방법은 딱 하나다. 그 물음을 정면으로 맞서 받아들이고 본인 나름대로의 의미를 찾아낼 때까지 포기하지 않고 나아가도록 지원하는 일이다. 하지만 주체성을 빼앗긴 상태로는 인생에서 자력으로 의미를 찾아내기 어렵다. 우선은 인생의 의미를 추구하기 전에 의미를 느낄 수 있는 주체, 즉 자아를 부활시키는 일부터 시작해야 한다.

이 힘든 작업을 적절하게 지도하고 돕는 일이야말로 진정한 치료법이다. 하지만 이는 실존 수준에서 고뇌하고 깊은 문제의식을 지닌 치료자가 아니면 원리적으로 다룰 수 없다. 아무리 치료법이라고 해도 치료자 자신이 경험하지 않은 일을 가르치기는 어렵기 때문이다.

무조건 쉽고
가볍게

정신의료에서 인지행동요법이 떠오르게 된 현상 역시 '당장 도움이 되는 것'을 가장 중요한 가치로 여기는 현대의 병리를 상징적으로 드러낸 것이다.

세상일이 바쁘고 긴박하게 돌아가다 보니 우리는 자신도 모르는 사이에 도움이 될지 아닐지를 성급하게 판단하고 근시안적으로 당장 도움이 되는 일에만 힘을 기울인다. 마치 대기업 최고경영자가 한정된 자신의 재임기간 중에 실적을 올리기 위해 장기적으로는 손해일지라도 단기적으로 이익을 올릴 수 있도록 경영하는 것과 마찬가지다.

즉각적인 변화와 성과를 추구하는 일은 기업 경영 측면에서도 매우 심각하지만 인간에게 있어서는 한층 더 심각한 문제를 일으킨다.

인간이라는 존재를 생산기계처럼 인식해 성과에 따라서만 가치를 매긴다면 인간의 정신은 깊이가 사라지고 영혼이 없는 로봇 같은 존재로 전락하고 말 것이다. 그렇게 되면 사람은 주체성을 가질 수 없고 의미를 추구할 여유조차 없이 의무에 얽매여 매일같이 그저 다른 사람의 인생을 뒤쫓아가느라 급급해진다.

구김살 없는 감성을 지닌 아이들은 부모와 교사를 포함한 어른들이 공허한 인생을 보내고 있다는 것을 민감하게 알아차린다. 어른들이 '장래를 위해서'라는 대의명분을 내세워 공부라든지 교양으로서 이것저것 배우도록 해도 '그런 거 해봤자 결국은 저런 인생을 살게 되잖아!' 하고 마음속으로는 환멸을 느낄 뿐이므로 아무런 설득력이 없다.

현대 시장경제에서 당장 도움이 되는 것은 바로 '잘 팔리는 것'으로 직결된다. 상품을 많이 팔기 위해서는 '알기 쉽다', '간단하다', '도움이 된다', '재미있다'라는 부분을 공략할 수 있어야 한다. 수요와 공급의 균형에 따라 가치가 결정되는 시장경제에서 이러한 이치를 무시하기는 어렵다. 하지만 그 결과 본래 깊이 있는 '질'質을 추구해야 할 분야에서조차 편한 것만 추구하는 성향이 짙어지고 내용은 진부해지는 사태가 여기저기 확산되는 현상은 심각한 문제다.

한 예로 텔레비전 지상파 방송에서는 개그맨들이 떼를 지어 출연하는 예능이 급증하고 있는데 프로그램 내용을 진지하게 기획하기보다는 예능인들이 반사적으로 보여주는 즉흥적 언동에 맡겨 진행하는 경우가 많다. 위성방송도 방송의 틀은 갖춰져 있지만 제대로 된 내용 없이 건강 관련 상품이나 편리한 물품을 비교적 싼 가격에 판매하는 홈쇼핑으로 메워져 있다. 이러한 현상에서도 시간과 공을 들여 기획방송을 만들기가 어려운 제작자의 사정이 훤히 들여다보인다.

서점에서도 즐비하게 늘어서 꽂혀 있는 책들을 보면 간단하고 알기 쉬운 요령을 팔기 위해 각종 '~하는 법'을 내세운 책이나 제목은 신선하지만 내용은 별 볼일 없는 책이 대부분이다. 이 현상 또한 발매 후 단기간에 얼마나 많이 팔리느냐가 성패를 좌우하는 '단행본의 주간지화'가 두드러지게 나타난 현세태를 적나라하게 보여준다. 이 모두가 당장 눈앞에 보이는 시청률이나 판매부수만을 추구한 결과 생겨난 것이다.

하지만 이러한 질 저하 문제에 관해서 제작자에게 물어봐도 돌아오는 반응은 한결같다. 대개 '어떤 계기로든 일단 시청자가 봐야 그다음도 있는 거 아니냐', '서점에서 독자들이 책을 구입하지 않으면 아무 의미가 없다'는 식이다.

물론 그러한 요소를 무시할 수 없는 사정이야 이해하지만 시장경제의 특성에 아부하고 어쩔 수 없이 타협을 강요받는 동안 미디어는 초심을 잃고 '수단의 자기목적화'라는 깊은 함정에 빠진 게 아닐까.

미디어가 가볍고 진부해지는 경향은 사람들이 쉬이 친근감을 느껴 문화적 계몽을 이룬다는 면에서 어느 정도 의미가 있겠지만, 깊이 있는 양질의 정보와 문화를 원하는 사람들에게는 깊은 환멸을 느끼게 할 것이다. 오늘날 텔레비전과 책을 기피하는 현상의 배경에 이러한 질적 문제가 잠재해 있다는 사실을 간과해서는 안 된다.

미디어를 비롯해 콘텐츠를 제공하는 측은 자주 이 현상과는 정반대의 결론을 이끌어내 역방향으로 가속 페달을 밟는 것처럼 보인다. 다시 말해, 이해하기 쉽고 재미있으며 금세 익숙해질 수 있는 요소가 아직도 부족하다고 믿고 한층 더 얄팍한 내용으로 상품을 양산해내는 악순환에 빠지는 것이다.

그나마 최근에는 예능 방송의 틀 안에 교양의 요소가 조금씩 가미되기도 하고 학문적 호기심을 채워주는 프로그램도 등장하기 시작했다. 볼 만한 프로그램이 방송되기가 무섭게 그와 관련된 서적이 불티나게 팔려나가는 현상을 보면 지금까지 사람들이 얼마나 질에 굶주려 있었는지 알 수 있다.

　이렇듯 질에 대한 굶주림은 항상 자신을 되돌아보고 성찰하는 극히 일부 사람들만이 느끼는 제한적 문제가 아니라 이미 우리 모두가 체감하는 수준에까지 널리 파고든 문제다.

공허함을 탕진으로
채우는 사람들

미국에서 활약한 정신분석가 에리히 프롬Erich Fromm은 노년인 1971년에 고국 독일에서 '수동적 인간'이라는 주제로 라디오 강연을 한 적이 있다. 그때 그는 이렇게 말했다.

우울증에 빠진 사람은 자신이 텅 비었다고 느낀다. 마치 손발이 마비된 것처럼, 활동하는 데 필요한 무언가가 결핍된 것처럼 신체를 움직여야 할 무언가가 부족하기 때문에 제대로 움직일 수 없다고 느낀다. 이때 뭔가를 섭취하면 텅 비었다거나 마비되었다거나 쇠약해졌다는 느낌이 얼마 안 가 사라지고, 자신은 역시 인간이라고 깨닫는다. 분명히 무언가를 갖고 있으며 아무것도 없는 상태가 아니라고 지각한다. 사람은 자신의 내면에 자리 잡은 공허감을 쫓아내기 위해서 물건을 채워 넣는다. 이러한 사람이 바로 수동적 인간이다. 수동적 인간은 자신이 보잘것없는 존재라는 불안한 마음에 그 불안을 잊으려 소비하고, 소비인Homo Consumus이 된다. (……)

자극에 대한 단순한 반작용으로서의 능동, 혹은 겉보기엔 열정적이지만 외부의 힘에 의해 움직이는 능동은 아무리 과장된 몸짓을 한다 해도 근본적으로는 수동이다.

_《인생과 사랑》Über die Liebe zum Leben, 에리히 프롬

이 책에서 프롬은 '수동적 인간'이라는 말을 사용하는데 이때 수동의 의미에는 우리가 쓰는 '수동'의 사용법과는 결정적으로 다른 점이 있다. 겉보기에 아무리 능동으로 보이는 활동적인 행위라도 그것이 내면의 공허함을 달래기 위한 목적으로 소비사회에 의해 생겨났거나 밖에서 주입된 욕구에 따라 움직인다면 그 본질은 수동일 수밖에 없다고 강조한다.

소비사회가 우리의 공허함을 틈타서 만들어낸 수동의 형태

는 다양하다. 잘 알려진 예로는 알코올 의존, 약물 의존, 도박 의존 등 여러 가지 의존증이 있지만 꼭 이러한 증상만이 문제는 아니다.

물건을 끊임없이 사들여야 직성이 풀린다. 왠지 허전해서 공복이 아닌데도 자꾸 음식을 먹는다. 휴일을 의미 있게 보냈다는 뿌듯함을 느끼고 싶어서 손쉽게 접할 수 있는 레저나 오락으로 시간을 보낸다. 생활에 공백이 생기는 게 싫어서 일정을 빽빽하게 짜 넣는다. 출퇴근 때에도 시간을 헛되게 보내고 싶지 않아 경제신문을 읽으며 정세에 관한 자료를 수집하거나 어학 파일을 들으며 외국어 실력을 높이는 데 힘쓴다. 혼자라는 생각에 빠지지 않으려고 모바일 메신저나 트위터 등 소셜네트워크로 항상 누군가와 연결되어 있고자 한다. 집에 있는 동안에는 보지 않더라도 항상 텔레비전을 켜놓는다. 시간을 죽이려고 끊임없이 게임이나 인터넷 서핑을 한다.

이러한 일들은 모두 우리 내면에 자리한 공허와 마주하지 않으려고 무의식중에 하는 수동적인 행동이다. 현대인은 공백, 무익, 무음에서 공허를 느끼기 쉬워서 이를 피하기 위해 다양한 장치를 만들고 거기에 모여든다.

많은 사람을 두루 사귀며 교류한다거나 하루하루 뜻깊게 보내거나 자신이 발전할 수 있도록 시간을 소중하게 쓰는 등

학교에서라면 크게 장려할 법한 이러한 행동이 사실은 공허로부터 도피하기 위한 수단이라고 한다면 이 또한 수동의 한 형태일 뿐이다.

이처럼 수동적인 데 익숙해진 우리는 어느 사이엔가 자신의 내면과 조용히 마주하는 일이 무척 어색해졌다. 1919년 정신과 의사인 모리타 마사타케森田正馬가 창시한 모리타 요법(모리타 마사타케가 다양한 원인으로 신경증적 상태에 놓인 환자를 아무것도 얽매이지 않은 상태로 되돌리기 위해 사용한 치료법으로 불교 정신이 근본을 이룬다.)에는 초기에 누구하고도 교류하지 않으면서 심지어 기분을 달래는 일조차 일절 금지하고 오로지 자신과 마주하는 '절대와욕기'絶対臥褥期(환자가 개인실에서 일주일 간 침대 또는 이불 위에서 지내는 것 — 옮긴이)라는 과정이 있다. 이 요법은 수동적인 현대인에게는 상당히 괴로운 수행일 것이다.

최근 '절식요법'이 일부 사람들 사이에서 인기를 끌고 있는 현상도 신체적인 재정비뿐만 아니라 절대와욕기와 같은 정신적 개선의 필요성을 인식하는 사람들이 생겨난 징후일지도 모른다.

인간이 수동적인 상태에 빠지면 도움이 되는 것, 알기 쉬운 것, 재미있는 것같이 공허나 공백을 메워줄 무엇인가를 갈망하게 된다. 하지만 이는 내면적인 공허에서 눈을 돌리기 위한 대리만족에 지나지 않으므로 결국에는 질적인 불만족이 생기기 마련이다. 대리로 얻는 것은 마음이 진심으로 원하는 것과는 다르기 때문에 결코 진정한 만족을 느낄 수 없다.

우리의 머리는 질적인 불만족을 양적으로 보충하려고 발버둥친다. 그 결과 제한 없이 양만 늘리는 꼴이 되는데 이것이 의존증의 본질적인 작동원리다. 다시 말해, 수동적인 현대인은 대리만족을 위해 제공된 물질이나 행위에 현혹되기 쉬울 뿐만 아니라 그에 탐닉하게 되어 의존하는 상태에도 쉬이 빠지게 된다.

진짜인가
가짜인가

현대를 사는 우리가 쉽사리 대리 만족에 빠져들게 된 배경에는 역사적인 사정도 깊이 얽혀 있다. 물질적으로 풍요로워지고 고도의 정보화가 진행되었다는 사실도 빼놓을 수 없는 요인이지만 그와 별개로 20세기 후반에 일어난 한 가지 풍조에 대한 반동으로서 21세기에 질적인 타락이 야기되었다고도 볼 수 있다.

20세기 후반에는 현대사상, 현대음악, 현대미술, 현대연극, 현대문학, 현대건축이라고 일컫는 진보주의적인 풍조가 있었다. 하지만 이러한 풍조가 초래한 일종의 부작용, 즉 그 후의 시대에 야기되는 반동으로서 오늘날 질적 타락이 생겨났다는 맥락이다.

　20세기에 과학기술이 급속히 발달하면서 역동적인 진보에 도취된 인간은 이성적인 범주를 훨씬 넘어선 믿음과 자신감을 갖게 되었다. 그로 인해 '색다른 것'이나 '잘 모르는 것'이야말로 훌륭하다고 믿는, 상당히 안이한 환상이 세상에 만연하게 되었다.

　현대사상에서는 표현이 난해하면 난해할수록 무언가 심오한 진실이 들어 있을 거라 여겨 존중받는 경향이 두드러졌다. 일례로 일본에서는 정신분석학 분야에서 프랑스의 철학자이자 정신분석학자인 자크 라캉Jacques Lacan의 사상이 한 시대를 풍미했다. 외국 것이라면 무조건 좋게 보는 사회 분위기와 라캉의 난해한 사상이 맞물려 신봉자가 늘어나고 마치 일본어가 파괴된 듯한 질 낮은 역서도 수없이 나돌았는데, 내용 자체가 워낙 난해해서 번역은 그다지 문제시되지 않았던 것 같다. 학회에서도 라캉파의 발표가 진행되는 회의장은 흡사 유사종교 모임 같은 광신적인 열기로 뜨겁게 달아올랐고 누가 더 이해하기 어려운 말을 하는지 경합이라도 하듯 열띤 토론이 오갔다. 그의 이론을 한층 더 난해하게 한 요인은 중간에 등장하는 고등수학 같은 수식이었는데, 최근에는 이 수식이 말도 안 되는 엉터리였다는 사실을 수학자가 폭로했다.

현대음악에서도 작곡가들은 조성을 얼마나 파괴하는가, 아름다운 음을 얼마나 기피해서 나열하는가에 초점을 둔 특이한 작곡에 열을 올렸다. 악기를 연주할 때에도 '특수주법'이라고 사전에 선전하고는 어떻게 해야 아름답지 않은 음을 낼 것인지를 궁리하는 데 여념이 없었다. 피아노 안의 현을 세게 긁어본다거나 피아노 선에 볼트나 지우개를 끼워 묘한 소리를 내기도 하고 피아노를 일절 만지지 않은 채로 4분 33초 동안 가만히 앉아 있다가 "이 시간에 귀로 들은 잡음이 음악입니다." 하고 밝히는 콘셉트의 무대까지 등장했다. 기껏 음악에 매료되어 음대에 입학한 작곡가 지망생도 '아름다운 음은 금지!'라는 암묵적인 속박 속에서 '누구든지 이렇게 하면 무조無調의 곡을 쓸 수 있다'는 조성 파괴 방법론을 배우며 오로지 청중을 깜짝 놀라게 할 진기한 곡을 쓰는 데 전념하도록 내몰렸다.

어떤 현대음악 작곡가는 "나는 다가올 미래의 지성을 위해 곡을 쓴다."라고 큰소리치는가 하면, 또 다른 작곡가는 죽음을 눈앞에 둔 병상에서 "사실은 바흐처럼 아름다운 곡을 쓰고 싶었다."고 후회하며 눈물을 주르르 흘렸다고 한다. 이는 만담을 시작할 때 자주 등장하는 다음 일화와도 상통하는 면이 있다. 메밀국수를 간장소스에 거의 찍지 않고 먹는 지역 전통의 방법을 고수해왔던 사람이 임종을 앞두고 "단 한 번만이라도 좋으니 메밀국수에 간장 소스를 마음껏 찍어서 먹고 싶었다."는 말을 남겼다고 하는 일화다.

현대미술에서도 비슷한 상황이 벌어졌다. 어떻게 하면 색다른 방법론을 '발명'할지가 성패를 가르는 관건이 되어 결국에는 특허 경쟁과 같은 양상을 보였다.

전시회에 변기를 그대로 출품하고 "이것은 레디메이드ready-made라는 콘셉트다."라고 표명하면 이제 그는 '레디메이드'의 일인자가 된다. 이러한 형태의 미술을 '개념미술'conceptual art(기존의 예술에 대한 관념을 외면하고 완성된 작품 자체보다 아이디어나 과정을 예술이라고 생각하는 새로운 미술적 제작 형태—옮긴이)이라고 부르는데 콘셉트를 설정해 내세워야 성립되는 기묘한 형식이었다.

현대건축도 상황은 매한가지였다. 살기 좋은 집을 포기하고서라도 색다른 디자인이나 참신한 콘셉트를 중요하게 여겼다. 거주자가 아무리 춥다고 하소연해도 "아니, 이건 자연과 공생한다는 콘셉트의 건축이니까요."라고 대답하면 그만이었다.

이처럼 '벌거벗은 임금님'을 보고도 "벌거숭이다!"라고 외쳐서는 안 되는 독특한 풍조가 20세기 후반의 '현대○○'에 널리 퍼져 있었다. 만약 "벌거숭이다!"라고 외치면 "너는 이 작

품의 위대함을 모르는구나!" 하고 비웃음당할 각오를 해야만
했다.

인간은 지적일수록 모르는 것을 하찮게 여기지 않고 차분
히 시간을 들여서 그 진가를 끝까지 밝혀내는 겸허함을 갖춘
존재다. 하지만 이러한 유행에서는 그 시대의 풍조를 교활하
게 이용하는 일이 부지기수였다.

물론 모든 '현대○○'가 완전히 무의미했다는 뜻은 아니다.
이 흐름은 그때까지 당연하게 여겼던 전제 자체를 처음부터
다시 되짚어보는, 의미 깊은 회의懷疑정신이 근본에 깔려 있
다. 비판 없이 기존의 전제에 만족하고 나아가는 데 대한 중
요한 의문이나 이의 제기가 존재했던 것이다. 또한 그때까지
의 맥락에서는 이르지 못했던 새로운 미와 진실을 발견하고
자 하는 목표도 있었다. 실제로 그러한 목표를 달성한 훌륭한
작품도 많이 존재한다.

하지만 어떤 일이든 그 움직임이 점점 본질에서 멀어지면
수단에 지나지 않았던 것이 어느새 목적으로 변질되고 마는 '수
단의 자기목적화'라는 덫이 기다린다. '현대○○'도 그 함정에
빠졌다고 할 수밖에 없는 측면이 있다.

20세기 후반에 활약한 작가 미하엘 엔데Michael Ende는 《엔
데의 메모 상자》Michael Endes Zettelkasten라는 책에 비아냥거리는

투로 〈예술계의 천재지망자에게 주는 조언〉이라는 에세이를 남겼다.

만약 당신이 현대문화계에서 최대한 빨리 이름을 알리고 시장가치를 얻고 싶다면 무엇보다도 다음 세 가지 규칙을 명심해라.

첫째, 미디어 사회를 살아가고 있다는 사실에 언제나 유의할 것. 예술의 어느 분야에서 천재로 일할지를 정하기 전에 어떤 차림새로 자신을 드러낼지를 생각하라. 가능하면 진지하게 생각하라! 당신은 그 옷이나 장신구를 몇 년 동안이나, 그것도 밤낮없이 줄곧 걸치고 있어야 할지도 모른다. 겉모습이 당신의 브랜드가 될 것이며 색다르고 튀는 것이 시장에 넘쳐나는 오늘날에는 이러한 개성이 절대로 필요하다. (……) 이때 당신의 차림새가 어딘가 '거부감'을 줘야 한다는 점을 항상 잊지 마라. 좋은 느낌 같은 건 내봤자 아무 쓸모없다. 뭔지 모를 그 '거부감'이야말로 당신을 대단한 인물로 각인시킬 것이다. (……)

둘째, 예술이나 문화이론적인 의사표명에 조금은 노력을 기울여야 한다. 그때 주의해야 할 점은 당신이 하는 말보다 그 근거가 중요하다는 사실이다. 세상에서 논의되는 것은 그뿐이니 말이다. 당신의 '발언'은 짧고 다루기 쉬워야 한다. 텔레비전이나 라디오의 문화 프로그램에서 3분 안에 대답을 끝낼 수 있어야 한다. 그렇지만 평균적인 교양시민의 수준을 조금 넘어서는 수준으로 발언해야 한다. 당신의 말을 교양시민이 이해하면 할수록 당신은 얕잡혀 보일 테니까. 그러니 너무 알기 쉽게 이야기해서는 안 된다. 당신이 사용하는 어휘는 청중이나 말하는 상대가 위축될 만한 것이 좋으며, 동시에 '진보적'이라든가 '비판적'이라는 개념이 떠오르도록 해야 한다는 점을 잊지 마라. (……)

셋째, 안타깝지만 전혀 '작품'이 없으면 안 된다. 당신이 창조한 것이 예술시장에서 가치를 갖게 되므로 그 가치를 위해서라도 무언가 작품이 필요하다. 하지만 이 점은 조금도 걱정할 필요가 없다. (……) 당신의 찢어진 바지를 비롯해 고장 난 냉장고라든지 발톱에 이르기까지 어떤 것이든 가치를 갖고 있으니까.

_《엔데의 메모 상자》, 미하엘 엔데

그런데 이 벌거벗은 임금님 같은 '현대○○'들은 이번 세기에 들어서자 설 자리를 잃어버렸고 이런 세태를 보고 듣는 일도 점차 줄어들었다.

벌거벗은 임금님을 칭찬하면서 대단한 인간이라도 된 양 허세를 떨던 풍조도 전 세계가 경제적으로 여유를 잃어가는 상황 속에서 서서히 시대에 뒤떨어진 양상으로 전락하여 쇠퇴하기 시작했다. 그리고 이와 동시에 '현대○○'에 대한 반동 현상이 단번에 세상에 퍼졌다. 이것이 바로 알기 쉬운 것, 재미있는 것, 도움이 되는 것을 지나치게 추구하는 성향이 생겨난 배경이 되었다.

하지만 반동은 언제나 반대의 극으로 치우쳐 형성되는 경향이 있다. '난해한 것'을 높이 추어올리던 분위기는 단번에 '금세 쉽게 알 수 있는 것' 외에는 받아들이지 않는 듯한 오늘날의 풍조로 바뀌었고, 조금이라도 음미할 필요가 있는 것은 설령 그것이 양질이라 하더라도 쉽게 받아들여지지 않았다.

이렇듯 극히 난해한 것에서 극히 알기 쉬운 것으로 역동적인 반대 움직임이 일어났지만 본질적으로 질이 실종되었다는 문제는 조금도 달라지지 않았다. 즉, '난해한가, 알기 쉬운가'는 어디까지나 양적 측면을 잘 비교하는 '머리'가 판단하는 차원이며 '진짜인가, 가짜인가' 하는 중요한 질적 판단은 우리의 동물적인 직감을 담당하는 '마음=몸'이 맡는다. 난해한 유행

중에 진짜라고 부를 만한 것도 있고, 현대의 알기 쉬운 것 중에 가짜가 섞여 있기도 할 것이다. 다시 말해, '난해한가, 알기 쉬운가' 하고 머리의 차원에서 사물을 판단하는 습성이 일을 그르치는 것이다.

몰지각한
비전문가의 시대

　　　　　　　머리로 판단해버리는 성향의 사
람들이 빠지기 쉬운 함정이 또 한 가지 있다. 작품이나 연주
자체가 아니라 그에 부수적으로 딸려오는 이차적인 정보에
현혹되어 판단이 흐려진다는 점이다.

　콩쿠르 우승이라는 경력이나 인기가 있다거나 텔레비전에
자주 나오는 사람이라거나 하는 지명도에 근거한 판단은 작
품이나 퍼포먼스 자체에 대해 그릇된 판단을 내리게 하는 요
인 중 하나다. 특히 콩쿠르에서 높은 평가를 받았다는 것은
전문가가 높게 평가했다는 뜻이므로 많은 사람이 틀림없이
훌륭하다고 생각하겠지만 이것이 확실한 보장이 되지는 않는

다는 사실을 잊지 말아야 한다.

소세키는 〈비전문가와 전문가〉라는 에세이에서 전문가의 판단에 현혹되어서는 안 된다는 내용을 단호하게 서술했다.

> 료칸良寬 스님은 평소에 싫어하는 것으로 시인의 시와 서도가의 글을 꼽는다. 시인의 시나 서도가의 글이라고 하면 본업이라는 의미에서 볼 때 이보다 훌륭한 것은 없을 테다. 그것을 싫어하는 스님의 견해는 전문가 티를 내는 것을 싫어하는 순수하고 소박한 비전문가의 품격에서 나온다. 순수한 마음, 활기찬 기운, 세파에 닿지 않은 비전문가의 고귀한 품성이 잠재해 있다. 깊은 사고와 인성을 지니지 못하고도 잘난 척하는 오만함을 찾아볼 수 없다. 기량인 듯 보이는 이면에 치기로 가득 찬 불쾌감이 없다. 그러므로 비전문가는 서투름을 감추는 기교가 없다는 것만으로도 전문가보다 더 낫다고 해야 한다. 자신에게는 성실하게 표현해야 한다는 점이 예술의 본체를 구성하는 첫 번째 자격이다. (……)
>
> 비전문가는 원래 세세하게 연구하거나 관찰하는 능력이 부족하다. 대신 전체적으로 윤곽을 바라보는 능력

이 있어서 그 윤곽 속에서 금붕어처럼 위태롭게 떠 있
는 전문가보다 예술을 신선한 시각으로 파악할 수 있
다. 전문가와 같이 세세하고 예리한 판단력은 없을지
몰라도 어떤 예술 전체를 한눈에 파악하는 능력 면에
서는 전문가의 부패한 눈동자보다도 분명 맑고 생기
있다. 후지산의 전체 모습은 산에서 멀리 떨어져야만
확실히 바라볼 수 있다.

_《나의 개인주의 외》, 나쓰메 소세키

　　앞서 언급한 '현대○○'가 세상을 휩쓸었던 현상도 전문가
들이 전체적 시각으로 대세를 바라보지 못하고 행동이 따라
가지 않는 지식만 내세운 채 급격히 진화만 좇은 데서 비롯되
었다. 하지만 진짜 양질은 비전문가라도 알아볼 수 있어야 한
다. 아니, 오히려 비전문가에게는 왜곡된 선입견이 없는 만큼
확실한 판단을 할 수 있다는 점을 소세키는 강조했던 것이다.
　　다만 여기서 소세키가 말하는 비전문가는 마음의 순수한
감성이 자유롭게 작용하는 사람을 가리키는데, 아무리 비전
문가라도 그 사람이 '이해한다, 이해하지 못한다', '안다, 모른
다'라고 머리 수준에서 쉽게 판정을 내리거나 이차적 정보에
좌우되는 경우라면 그 판단은 전혀 신뢰할 수 없다.

소세키는 이런 사람을 '지각없는 비전문가'라고 불렀다. 이들은 세세한 일부분도, 전체적인 윤곽도 제대로 판단하지 못하기 때문에 자신이 논하는 범위에서 제외된다고 단언했다. 그들은 뛰어난 가치에 눈을 뜨려고 하지 않는 폐쇄된 정신의 소유자이거나 대중매체에 쉽게 휘둘리는 사람을 가리키며, 촌락사회의 전형적인 인간상이다.

또한 익숙한 범주를 넘어선 대상에 대해서는 자신의 편협한 가치관을 기준으로 시시해하며 당장 그 자리에서 결론을 내린다. 또한 자신이 알지 못하거나 감당할 수 없는 일에 위협당하지 않도록 상대의 가치를 깎아내리는 비열한 고집과 기존의 권위와 정보 조작을 덮어놓고 따르는 양심 없는 유연성을 함께 갖추고 있다.

최근에는 이 지각없는 비전문가들도 난해한 것이 존경받던 시류가 괄시받는 풍조에 여봐란 듯이 가세하여 "아, 나 같은 사람한테는 너무 어려워서 말이지." 하고 얼핏 겸허해 보이도록 표현하면서 대상의 가치를 깎아내리는 상당히 교묘한 어법으로 말하는 경우가 늘어났다.

일찍이 '현대○○'의 영향으로 난해한 것에 대한 불신이 깊어지고 그에 대한 반동으로 이해하기 쉬운 것에 대해 과도한 편중 현상이 일어났다는 사실은 이미 언급했는데, 이를 다르게 표현하면 전문가에 대한 신뢰가 실추됨으로써 오히려 비전문가가 활기를 찾았다고 할 수 있다.

그 현상 자체는 어떤 의미에서 환영해야 할 일이지만 역설적이게도 지각없는 비전문가들에게 그릇된 자신감을 부여한 셈이 되었다. 여기에 천박한 마케팅 원리까지 가세하여 '이해하기 쉽고 재미있으며 즐겁기만' 한 공허한 풍조가 널리 퍼지는 결과를 초래하고 말았다. 그래서 지각없는 비전문가의 편협한 견해가 세상을 휩쓸다시피 하게 된 것이다.

이러한 연유로 현대를 살아가는 우리는 '진짜'를 만나기가 어려운 환경에 놓였으며 그러한 환경 속에서 우리가 공허함이나 시시함을 느끼는 것은 오히려 지극히 자연스러운 일이다.

고차원의
실존적 욕구불만

:
:
:
:
:
:
:
:
:

40일간 단식하여 공복이었던 예수는 사탄에게서 "그 돌을 빵으로 바꿔보면 어떤가?" 하는 유혹을 받는다. 하지만 예수는 "사람은 빵만으로는 살아갈 수 없느니라." 하고 대답하며 단호하게 유혹을 물리쳤다.

6년에 걸쳐 단식 수행을 하던 석가모니는 이대로는 그저 심신이 쇠약해져갈 뿐 어떠한 깨달음도 얻지 못할 거라 생각하고는 시골 처녀 수자타에게 공양받은 우유죽을 먹는다. 덕분에 기운을 차린 석가모니는 얼마 안 가 깨달음을 얻게 된다.

이처럼 같은 공복 상태에서도 예수와 석가모니가 정반대로 행동했다는 일화는 매우 흥미롭다.

원래 석가모니는 작은 왕국의 왕자였지만 바깥 세상이 굶주림과 생로병사의 고통으로 가득 차 있다는 사실을 알고, 무엇 하나 남부러울 것 없던 유복한 생활과 가족을 버리고 수행의 길을 떠나기로 결심했다. 그런 의미에서 석가모니도 역시 '사람은 빵만으로는 살 수 없다'는 생각이 종교자로서의 출발점이 되었던 것이다.

인간도 동물의 일종이므로 굶주림을 가장 먼저 해결하고자 한다. 하지만 그 문제가 어느 정도 만족되면 안전 욕구, 소속 욕구, 승인 욕구 등으로 눈을 돌리고 마지막에는 고차원적 욕구인 자기실현 욕구를 추구한다.

이는 심리학자인 에이브러햄 매슬로Abraham Maslow가 주장한 '욕구단계설'이 보여주는 사고방식으로 이에 대해서 프랭클은 반드시 그런 순서대로 되지는 않는다고 지적했다.

> 잘 알고 있듯이 매슬로는 저차원적인 욕구와 고차원적인 욕구를 구별하고 저차원의 욕구를 충족하는 일은 그 자체로 고차원의 욕구가 충족될 수 있는 조건이 된다고 말했다. 그는 고차원의 욕구에 의미를 추구하려는 의지도 포함시켰으며 그것을 '인간의 원초적인 동기부여'로 간주하는 단계까지 진척시켰다. 확실히 이

는, 인간은 생활이 순조롭게 영위되고 있을 때에만 살아가는 의미를 추구하게 된다는 의미로 '의식衣食이 충족되어야 예절을 안다'는 말과도 상통한다. 하지만 이 주장은 가장 좋지 않은 상황에서야말로 욕구나 살아가는 의미에 대한 갈망이 강하게 일어난다는 것을 수많은 사례를 통해 반복해서 관찰한 우리 정신과 의사들의 소견과 대립한다. 환자들 중에서 죽음을 바라보고 있는 사람들은 강제수용소나 포로수용소에서 살아남은 사람들과 마찬가지로 이 사실을 증명할 수 있다.

_《무의미한 삶의 고통》, 빅터 프랭클

내용이 약간 어려우니 다시 정리해보자. 프랭클이 주장한 '살아가는 의미를 추구하려는 의지'라는 개념을 매슬로가 고차원적 욕구로서 중시해준 것은 고마운 일이다.

하지만 프랭클은 사람이 저차원의 욕구가 만족되어야 비로소 고차원의 욕구를 향하게 된다는 매슬로의 사고에는 찬성할 수 없다고 밝혔다. 프랭클은 정신과 의사로서도 강제수용소 경험자로서도 매슬로의 의견은 사실과 다르다고 주장한다. 사람은 저차원의 욕구가 만족되지 못한 극한 상황에서도, 아니 오히려 그런 상황이기에 고차원의 욕구인 '의미에 대한 의지'를 간절하게 추구한다는 점을 강조하는 것이다.

나는 이 논의에 관해서 단순히 어느 쪽 주장이 옳은가 하는 양자택일의 사고보다 두 사람 모두 인간이라는 존재의 진실을 말한다는 데 초점을 맞추는 것이 타당하다고 생각한다.

매슬로가 말했듯이 저차원에서 고차원으로 단계를 거치며 비로소 인생의 의미에 관해 생각하기 시작하는 사람들이 적지 않은 것도 사실이며, 저차원의 욕구가 채워지지 않아도 살아가는 의미를 찾는 일을 최우선으로 원하는 사람 또한 수없이 보아왔기 때문이다. 정확히 말해서, 욕구의 단계를 순차적으로 밟은 후에 의미에 대한 의지에 눈을 뜨는 사람이 있는가 하면 저차원의 욕구가 만족되지 않은 상황에서도 의미에 대한 의지를 추구하는 사람도 있다는 뜻이다. 이는 그 사람이 선천적으로 어느 정도의 자기관찰력을 갖고 있느냐에 따라 나뉘는 것이 아닐까 싶다.

이 문제는 다음과 같이 생각해보면 쉽게 이해할 수 있다.

저차원의 욕구를 충족시키는 일에만 집중하는 상태에서는 그것을 충족시키는 일을 마치 '살아가는 의미'인 양 착각하기 때문에 의미에 대한 의지가 발동하지 않는다. 하지만 그것이 충족될 가능성이 없는 막다른 상황에 몰렸을 때, 혹은 이미 충족되어서 굳이 그리로 의식을 돌릴 필요가 없을 때 비로소 자신의 삶과 죽음, 즉 자신의 삶에 한계가 있다는 사실이 시야에 들어온다. 그리고 그때부터 필연적으로 '왜 살아가는가?' 하는 실존적 물음이 생기는 것이다.

중년과 청년의
온도 차

．
．
．
．
．
．
．
．
．
．

　　　　　　　　　　　분석심리학의 기초를 세운 칼 융
Carl Jung은 정신적 위기가 찾아오기 쉬운 세 번의 시기로 청년
기, 중년기, 노년기를 꼽았다.

　청년기의 위기는 사회적인 존재가 되고자 하는 출발점에서
의 다양한 고뇌, 즉 직업 선택이나 가정을 이루는 일 등 '사회
적 자기실현'을 둘러싼 고민을 가리킨다. 중년기의 위기는 어
느 정도 사회적 존재로서 역할을 다하고 인생의 후반으로 옮
겨가는 지점에서 분출되는 고요하고 깊은 물음이다. 다시 말
해 '나는 과연 나답게 살아온 걸까?', '지금까지 살아온 것처
럼 미래를 살아가는 건 뭔가 잘못된 게 아닐까?', '내가 살아

가는 데 주어진 천명은 무엇인가?' 하는 사회적 존재를 초월해 인간 존재로서의 실존적 물음을 향한 고뇌다. 청년기에 중요하게 여겼던 '사회적'이라든가 '자기'라는 개념이 반드시 진정한 행복으로 이어지지 않으며 일종의 집착에 불과하다는 사실을 깨닫고 한 사람의 인간으로서 살아가는 의미를 찾기 시작하는 것이다.

중년기의 위기는 대개 중년기인 40대 후반에서 60대 전반 무렵에 찾아오는데, 최근에는 이러한 고뇌가 20대 젊은 층에서도 일어나는 저연령화 현상을 보인다. 드물게는 10대 후반에 발생한 경우도 보았다.

그렇다면 이러한 중년기 위기의 저연령화 현상은 왜 일어날까? 한 가지 원인은 '사회적 자기실현'이 현실과 동떨어져 있다는 데 있다.

현대의 젊은 세대는 정보화의 발달로 인해 어른들이 겉으로 연기하는 '사회적 자신', 즉 '역할적 자신'이 그 무대 뒤에서 얼마나 공허한지를 상당히 이른 나이부터 알 수 있는 환경에서 살고 있다. 따라서 옛날 세대처럼 현실에서 낙관적이고 희망에 찬 장래의 모습을 그린다거나 천진하게 꿈을 향해 나아가기 힘들다. 이러한 젊은이들에게는 물질적 곤궁 여부와 상관없이 헝그리 모티베이션을 원동력으로 삼아 외곬으로 사회적 자기실현을 목표로 하는 삶 자체가 이미 시대착오적인 옛날이야기로만 받아들여진다.

이렇게 현대의 젊은 세대는 청년기의 위기를 건너뛰고 바로 중년기의 위기와 다름없는 고민과 마주한다. 그들에게는 장래에 어떤 직업을 가져야 할까 하는 사회적 자기실현에 대한 고민보다 한층 더 깊은 곳에 자리한 '살아가는 일의 의미를 추구한다'는 실존적인 굶주림이 오히려 절실한 문제가 되었다.

물론 오늘날 젊은이들도 일정한 나이가 되면 진로나 취직 문제로 고민한다는 점에서는 옛날과 다르지 않다. 그러나 그때 고민하는 내용은 예전과 다르게 그 질이 상당히 달라졌다.

예전에는 '내가 하고 싶은 일을 직업으로 가질 수 있을까', '원하는 회사에 들어갈 수 있을까' 하는 내용이 많았지만 최근에는 '내가 무엇을 하고 싶은지 모르겠다', '가능하면 귀찮은 일은 하고 싶지 않지만 해야만 한다면 뭘 해야 좋을까', '왜 일 해야만 하나' 같은 고민으로 바뀌고 있다.

헝그리 모티베이션의 가치관으로 살아온 어른들은 '왜 일 해야만 하는가?' 하는 질문을 받았을 때 당장 어떻게든 그럴싸한 말을 해주고 싶지만 내심 대답이 궁해진다. 자신은 그런 의문을 품은 적이 한 번도 없기 때문이다.

이럴 때 헝그리 모티베이션으로 살아온 어른이 고작 입 밖에 내는 말이란 대부분 "밥을 먹어야 무슨 일이든 할 수 있으니까.", "사치스러운 고민이네.", "일하지 않는 자 먹지도 말라고 했어.", "사람이니까 일하는 게 당연하지." 등 궁색한 답변뿐이다. 하지만 이는 '왜 일해야만 하는가'라는 물음에 대한 답이 아닐 뿐만 아니라 헝그리 모티베이션으로 살아온 인간의 정지된 사고를 여실히 드러낼 뿐 전혀 설득력이 없다.

현대에는 이렇게 어긋난 가치관이 부모자식 간을 비롯해 학교나 직장 등 모든 곳에서 부딪친다. 나도 환자를 상담할 때 그들에게서 '대화가 통하지 않는다'고 탄식하는 말을 많이 듣는데, 이 또한 대부분 가치관의 차이가 원인이다.

어떻게
살 것인가

:
:
:
:
:
:
:
:

이처럼 현대사회는 오랜 세월 지속되어온 헝그리 모티베이션의 잔재와 공허함이 뒤섞여 혼란스럽다. 이러한 현 시대에 사람들이 느끼는 '굶주림'이란 과연 어떤 것일까.

예전부터 대학교에서 정신의학과 심리학 강의를 할 때 나는 반드시 '사랑과 욕망에 관해서'라는 주제를 다뤘다. '인간이란 무엇인가'를 고찰하는 데 결코 빠뜨릴 수 없는 중요한 주제이기 때문이다.

"그 주제는 상당히 철학적이고 응용 단계에 해당하는 심오한 내용이어서 이곳 학생들은 어렵게 느낄 수도 있을걸." 하고 동료 교수가 걱정하기도 했지만 예상과 달리 학생들의 반응은 생기가 넘쳤다. 주제가 주제이니만큼 내용이 철학적인 이야기로 발전하기도 했지만 평소에는 마지못해 수업에 들어와 앉아 있던 학생들까지도 이 주제에는 진지하게 귀를 기울였다. 그래서 나는 그들이 이러한 실존적 주제를 정면으로 다뤄주는 어른에게 무척 굶주려 있다는 사실을 알았다.

어느 사이엔가 많은 학교에서 '학문'이 아니라 사회에 '도움이 되는' 인간을 키우는 데에 '도움이 되는' 교육을 주된 사명으로 믿게 되어 실존적 주제를 다룰 여유를 잃어버렸는지도 모른다. 하지만 학생들의 내면에는 의식적이든 무의식적이든 자신들이 알고 싶고 고찰해보고 싶은 주제에 대한 욕구가 뜨겁게 잠재했던 것이다.

이는 젊은 학생들에게만 해당되는 이야기가 아니다. 일반인을 대상으로 하는 강연회나 강좌에서도 이러한 주제로 이야기해달라는 요구가 증가하고 있으며, 강연 때는 항상 진지한 질문이 활기를 띠고 오간다.

교육기관도, 서적이나 대중매체도 앞에서 언급한 여러 가지 사정 때문에 당장 도움이 되거나 재미있고 신기한 일, 쉽게 익숙해지는 일만 좇다 보니 많은 현대인이 실존적 문제를 정면으로 맞서 생각하는 의미 있는 일에 잠재적으로 강한 굶주림을 갖고 있는 것이다.

최근에는 히키코모리나 자살에 관해 강연할 기회가 자주 있었는데 그때마다 '사람은 왜 살아가는가', '일한다는 것은 무엇인가', '인생의 의미는 무엇일까' 등의 주제를 다뤄달라는 요청을 받았다. 수강자들은 지푸라기에라도 매달리는 심정으로 각자가 안고 있는 실존적 물음의 실마리를 찾고자 모여들었다. 나는 그들이 내뿜는 열기에서 그들의 굶주림이 자신의 존재를 건 중대한 문제라는 것을 새삼 실감했다.

그래서 다음 장에서는 살아가는 의미를 곱씹어보고 도저히 피해갈 수 없는 문제로서 우리 앞에 가로놓인 명제인 '일한다'는 것에 대해서 생각해보고자 한다. 특히 이 '일한다'는 주제는 자칫하면 단번에 '어떻게 일할 것인가' 또는 '어떤 일을 할까'를 다루는 내용으로 넘어가는 경우가 많지만, 그전에 '일한다는 것은 무엇인가' 하는 근본적인 명제를 한번 제대로 고찰해볼 필요가 있다.

의미도 모른 채 무턱대고 일한다면 분명 프롬이 말한 수동적 인간이 되어 결국 '소비인'으로서 그저 공허감을 달래는 나날을 보내게 될 것이다.

실존적 물음은 자칫 '형이상학적'이라고 야유를 받거나 구름을 잡는 듯한 추상론에 빠질 위험도 있다. 하지만 역시 일하는 것 자체에 관해 생각하는 작업은 우리의 '실존'을 현세적이고 현실적인 지평으로 단단히 연결해준다는 의미에서 매우 중요하다.

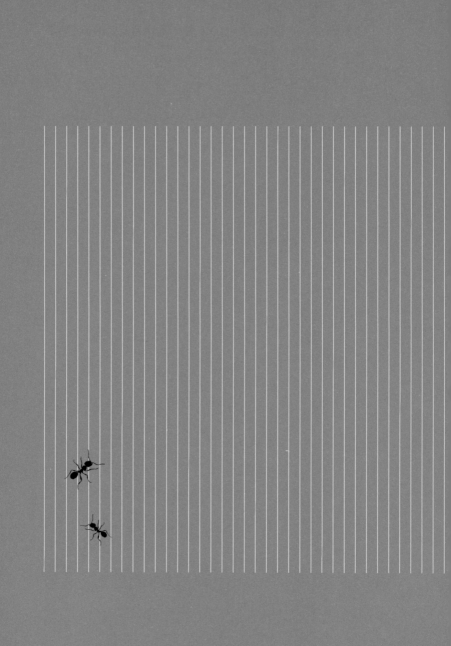

제2장

노동의 배신,
무엇을 위해 일해야 할까?

자본주의 문명이 지배하는 국가의 노동자 계급은 기묘한 광기에 사로잡혀 있다. 그 광기가 개인과 사회에 비참한 재난을 불러일으켜 지난 2세기 동안 가엾은 인류를 줄곧 괴롭혀왔다. 그것은 노동에 대한 사랑, 즉 각 개인뿐만 아니라 그 자손의 활력을 고갈시키는 노동을 향한 목숨 건 열정이다.
__《게으를 권리》중에서

나쓰메 소세키가
말하는 '일'

노인은 지금 이런 말을 늘어놓고 있다.

"무릇 인간은 자신만을 생각해서는 안 되는 법이다. 세상도 생각해야 하고 국가도 생각해야 하지. 조금이라도 다른 사람을 위해서 뭔가 하지 않는다면 마음이 편치 않을 게다. 너 역시 그렇게 빈둥거리면서 지내는 게 좋을 리가 없잖느냐. (……)"

"그렇습니다." 다이스케는 대답한다. 그는 아버지에게 설교를 들을 때마다 딱히 대답할 말이 없어서 적당히 둘러대는 습관이 생겼다. 다이스케가 보기에 아버지는 매사 어중간한 사고로 혼자 마음대로 단정 지어 밀어

붙이기 때문에 눈곱만큼도 본질적인 의미를 갖고 있지 않다. 뿐만 아니라 지금 이타적인가 싶으면 어느새 이기적인 사고로 바뀌어 있다. 젠체하며 거침없이 말하지만 결국은 시종 잡담일 뿐이다. 애초에 그러한 아버지의 기세를 꺾기는 여간 어려운 일이 아니며 또한 불가능할 게 분명하므로 처음부터 될 수 있으면 아무 말도 하지 않는다.

_《그 후》, 나쓰메 소세키

이는 소세키의 소설 《그 후》의 주인공 다이스케가 아버지에게 귀에 못이 박히도록 '뭐라도 일을 해라'라며 설교를 듣고 있는 장면이다. 다이스케가 속으로 무슨 생각을 하면서 그 말을 듣고 있는지 상당히 상세하게 묘사된다.

다이스케는 소세키의 소설에 등장하는 이른바 '고등유민'의 대표적인 인물이다. 그는 아버지가 세상과 인류를 위해서 무언가 해야 한다고 설교하는 것이 언뜻 보면 이타적인 삶을 장려하는 듯하지만 실상은 이기적인 헝그리 모티베이션에 지나지 않는다는 것을 간파하고 상당히 비판적인 시각을 보인다.

하지만 다이스케는 굳이 아버지와 부딪히지 않고 적당히 받아넘기면서 가능한 한 말을 하지 않는다. 가치관이 결정적으로 어긋나는데도 직접 부딪히기보다 체념하고 대응한다는 점에서도 고등유민다운 특징이 잘 드러난다.

> "서른이나 되어서 한량처럼 빈둥빈둥 놀고 있는 것은 정말이지 볼썽사납구나."
> 다이스케는 결코 자신이 빈둥빈둥 놀고 있다고 생각하지 않는다. 단지 일로 인해 더럽혀지지 않고 뜻깊은 시간을 보내고 있는 고귀한 부류라고 여길 뿐이다. 아버지가 이런 말을 할 때마다 실은 딱하기만 하다. 아버지의 미숙한 두뇌로는 이토록 의미 있게 세월을 보내고 있는 삶이 자신의 고차원적 사상과 감정에서 결정을 이루어 나온 결과라는 사실을 전혀 알아차리지 못하니 말이다.
>
> _《그 후》, 나쓰메 소세키

점점 더 심해지는 아버지의 설교를 들으며 다이스케는 이렇게 마음속으로 중얼거린다. 그는 불손하다고 할 만큼 아버지를 멸시하고 있는데 이러한 그의 감정에도 다소 일리는 있어 보인다.

아버지가 설교의 마지막에 일을 해야 하는 이유로 꺼내든 말은 결국 남 보기에 '볼썽사납다'는 체면의 문제다. 다이스케가 일을 하면 자신의 무언가가 더러워진다고 생각해 주저하는 것과 비교하면 아버지의 가치관은 피상적이고 세속적일 뿐이다. 두 사람의 가치관에 상당한 차이가 있다는 사실이 여기에서 드러난다. 따라서 다이스케가 아버지를 '미숙한 두뇌'라고 여기는 것도 무리는 아니다.

다이스케는 그 후 오랜 친구인 히라오카와 재회하는데 이때도 일하는 것에 관해 의견을 주고받는다.

> "자네는 돈에 쪼들리지 않으니까 그러는 걸세. 생계가 곤란하지 않으니 일할 마음이 들지 않는 게지. 소위 부잣집 도련님이니까 그런 여유 있는 소리를 하는 거라고!"
> 다이스케는 히라오카가 약간 얄미워져서 급히 말을 끊었다.
> "일하는 것도 좋지만 일할 바에는 생계 이상의 가치를 얻어야 명예로운 걸세. 모든 신성한 노동은 먹기 위해서만이 아니라네. (……) 다시 말해서, 먹고살기 위해 어쩔 수 없이 하는 일은 성실하게 임하기 어렵다는 의미지."

"내 생각과는 정반대로군. 먹고살기 위해서니까 열심히 일할 의욕이 생기는 거네."

"열심히 일할 수 있을지는 몰라도 성실하게 일하기는 어렵다니까. 먹고살기 위해 일하는 거라면 결국 먹고사는 것과 일하는 것 중 어떤 게 목적이라고 생각하나?"

"물론 먹고사는 거지."

"그것 보게나. 먹고사는 게 목적이고 일하는 것이 수단이라면 먹고살기 쉽게 일하는 방법을 찾는 게 당연하잖은가. 그렇게 하면 어떤 일을 하든, 어떻게 일하든 상관없이 그저 식량을 얻을 수만 있으면 된다는 결론에 이르지 않겠나? 노동의 내용도 방향도 그리고 순서도 전부 다른 사람에게 제약을 받는다면 그것은 타락한 노동이라네."

_《그 후》, 나쓰메 소세키

다이스케는 헝그리 모티베이션을 강하게 내세우는 히라오카에게 일하는 것에 관한 자신의 견해를 당당하게 펼친다. '먹고사는 것이 목적이고 일하는 것이 수단'이라면 그것은 결코 성실한 노동이 아니라는 주장이다. 다이스케에게 일한다는 것은 식량을 얻기 위해서가 아니다. 앞에서 사람은 빵만 먹고 살 수 없다고 말한 그리스도와 마찬가지로 다이스케는 헝그리 모티베이션으로 일하는 것은 정신의 타락이며 불순하다고 생각하는 것이다.

일은 경멸의 대상인가
기쁨의 원천인가

다이스케가 일하는 것을 먹고살기 위한 수단으로 인식하는 데 거부감을 드러낸 거처럼 영국의 철학자 버트런드 러셀Bertrand Russell도 그의 저서 《게으름에 대한 찬양》에서 비슷한 말을 남겼다.

현대인들은 어떤 일이든 그 일 자체를 위해 행해서는 안 된다고 생각한다. 뭔가 다른 목적을 위해 행해야 한다고 믿는다. (……) 막연히 돈을 버는 일은 선한 일이고 돈을 쓰는 일은 악한 일이라고 여겨진다. 하지만 돈을 버는 것도 쓰는 것도 모두 하나의 거래에 존재하는

양면이라는 것을 깨닫는다면 이렇게 표현하는 것은 잘
못이다. 열쇠는 선이지만 열쇠 구멍은 악이라고 할 것
인가.

_《게으름에 대한 찬양》, 버트런드 러셀

분명 《그 후》에서 다이스케는 일하는 것을 '먹고살기 위해
서'라는 다른 목적의 수단으로 인식하는 불순함에 반발했다.
뒤집어 말하면 다이스케는 일하는 것이 그 자체를 목적으로
한 순수한 행위이길 바랐다.

이 문제를 더 깊이 고찰하기 위해 나치스의 박해를 경험한
유대인 철학자 한나 아렌트Hannah Arendt의 사고를 참고해보자.
아렌트는 1958년에 발표한 저서 《인간의 조건》에서 인간의
활동 전반을 '활동적 생활'vita activa이라고 지칭하고 이를 노동
labor과 일work 활동action이라는 세 가지로 나누어 생각했다.

이 세 가지 활동과 그에 대응하는 조건들은 인간 존재
의 가장 일반적인 조건인 생生과 사死, 곧 출생과 죽음
에 깊이 연결되어 있다. 노동은 개인의 생존뿐만 아니
라 종種의 생명까지도 보장한다. 일과 그 산물인 인간
의 인공물artifact은 유한한 생명의 공허함과 인간적 시

간의 덧없는 특성에 일정한 영속성과 내구성을 부여한다. 활동은 정치적 조직을 창설하고 유지할 수 있는 한 기억의 조건, 즉 역사의 조건을 만들어낸다.

_《인간의 조건》, 한나 아렌트

'노동'은 인간이 동물의 일종으로서 생명과 삶을 유지하기 위해서 필요에 쫓겨 행하는 작업을 가리킨다. 이때 생겨난 산물은 소비되는 성질이 있으며 영속성을 갖지 않는다. 한편 '일'은 인간만이 갖는 영속성이 있는 무언가, 이를테면 도구나 작품을 만들어내는 행위를 가리키고 '활동'은 사회와 역사를 형성하는 정치적 작용이나 예술 등의 표현행위를 일컫는다.

하지만 아렌트는 그리스 시대에 이들 중 어떤 것보다도 중요한 자세로서 본래는 '관조생활'vita contemplativa이 자리하고 있었다고 기술한다.

관조觀照는 현대의 언어로 성찰 또는 명상과 의미가 가까운 단어로 자연이나 우주의 진리를 감지하여 차분하게 마주하는 자세를 뜻한다. 그리스인들은 활동적 생활이나 활발하게 사고하는 것 모두 정적인 관조생활을 지향해야 하며 이것이야 말로 궁극의 인간다운 모습이라고 보았다.

또한 아렌트는 이어서 그리스 시대에 도시 사람들은 노동을 경멸했다고 언급했다.

> 노동에 대한 경멸은 원래 필연성에서 자유로워지기 위
> 한 열정적인 노력에서 비롯되었으며 흔적도 기념비도
> 기억에 남을 위대한 작품도 아무것도 남기지 못하는
> 막대한 고생은 결코 참을 수 없다는, 노동에 대한 혐오
> 감에서 생겨난 것이다. (……)
> 노동은 필연성에 의해 노예가 되는 일이며 이러한 노
> 예화는 인간생활의 조건에 고유하게 존재했다. 인간은
> 살아가는 데 필요한 것들에 지배된다. 그렇기에 오직
> 필연에 굴복할 수밖에 없었던 노예를 지배함으로써 자
> 유를 얻을 수 있었다. 인간은 운명이 가하는 일격에 의
> 해 노예로 전락하는데, 그 운명은 죽음보다도 가혹했
> 다. 노예로 전락하는 순간 인간은 가축과 같은 존재로
> 변모하기 때문이다.
>
> _《인간의 조건》, 한나 아렌트

그리스인들은 살아갈 필요에 쫓겨 노동에 속박되는 것은
가축과 같이 동물적인 수준에 머무는 것이라고 여겼다. 따라
서 노동이 인간다운 일이나 활동, 나아가서는 관조생활을 방

해한다고 여겨 노동을 맡길 노예가 필요했다고 설명한다.

하지만 아렌트는 인간이 생명체로서 얻을 수 있는 '행복과 기쁨'의 원천이 노동이라고도 말한다.

> 따라서 노동의 수고와 노력을 완전히 없애는 것은 단지 생물학적 생명에게서 가장 자연스러운 쾌락을 빼앗는 일일 뿐만 아니라 특히 인간적인 삶에서 활력과 생명력 자체를 앗아가는 일이다. 고통과 노력은 생명을 별달리 해하지 않고도 없앨 수 있는 단순한 증후가 아니다. 이것은 인간의 조건이다. 다시 말해, 고통과 노력은 오히려 생명 그 자체가 생명을 속박할 필요성과 함께 스스로를 감지하는 양식이다. 따라서 생명이 유한한 인간에게 '신들의 안락한 삶'은 오히려 생명 없는 삶일 것이다. (……)
> 부유한 자의 삶에서는 활력이 사라지고 자연이 주는 혜택과의 밀접한 관계가 상실되는 한편, 아름다운 세상의 산물에 대한 세련된 감수성을 얻을 수 있다. 이는 지금까지도 자주 인정되었다. 사실 세상을 살아가는 인간의 생명력은, 한편으로는 삶의 과정 자체를 초월하여 거기서 멀어지려는 능력을 늘 갖고 있다. 반면에

활력과 생명력은 인간이 삶의 수고와 고난이라는 무거
운 짐을 스스로 짊어질 때만 유지할 수 있다.

_《인간의 조건》, 한나 아렌트

이렇듯 인간에게는 노동을 경멸해야 하는 대상으로 보고
기피하는 경향과 반대로 노동에 의해 생명의 기쁨을 얻는 경
향이 있어 복잡하고 까다로운 면이 있다.

노동이 안고 있는 딜레마는 인간이라는 생명체가 동물이면
서도 다른 동물과는 결정적으로 다르게 문화를 창출해내고
문화를 필요로 하는 존재라는, 서로 어울리지 않는 양면성을
동시에 갖고 있다는 점에서 기인한다.

일의 몰락

아렌트는 인간다운 작품이나 제
품을 남기는 일련의 작업이 바로 '세상'을 만들어낸다고 설명
한다. 그녀가 말하는 세상은 상당히 독특한 의미를 품고 있다.
인간이 인간다운 생활을 하는 데 필요한 내구성을 가진 도구
와 물건으로 구성되는 문명, 또는 인간다운 의미가 느껴지는
문화 등을 폭넓게 가리킨다. 하지만 근대 이후 이러한 일의 지
위는 쇠락하고 만다.

왜냐하면 산업혁명이 모든 일을 노동으로 전환시켰기
때문이다. 그 결과, 근대 세계의 물건은 사용할 수 있

는 일의 산물이 아니라 소비되는 것이 당연한 운명을 지닌 노동의 산물이 되었다. 원래는 일을 통해 만들어 낸 도구와 기계가 항상 노동 과정에서 사용되었는데 이 것이 변형되어 노동 과정에 적합한 노동 분업도 근대에 는 사용 대상물을 제작하고 생산하는 작업 과정의 주요 특징이 되었다. 일찍이 일하는 모든 사람에게 요구되 었던 철저한 전문화를 대신한 것은 기계화의 증대라기 보다 노동의 분업이다. (……) 게다가 대량생산은 일하 는 사람을 노동자로 대체해 전문화를 노동 분업으로 대 치하지 않고서는 절대 불가능하다.

_《인간의 조건》, 한나 아렌트

이처럼 산업혁명 이후 시작된 대량생산은 인간의 숙련된 기술과 전문화에 의해 행해지던 '일'을 각각 단편적으로 분업 화된 '노동'으로 깎아내렸다. 더욱이 현대의 분업화에 의한 노 동에서는 본래 노동에서 얻기 마련인 삶의 행복과 기쁨을 얻 지 못할 뿐만 아니라 오히려 허무감으로 인한 허탈함을 초래 하는 것도 심각한 문제였다.

분업화된 노동으로 생산된 제품은 일이 창출해낸 제품처럼 오래도록 소중히 사용할 가치가 없으며 계속해서 소비하게 되는 단순한 소비재일 뿐이다. 아렌트는 그런 현대의 '소비자 사회' 속에서 유일하게 살아남은 '일'이라고 부를 수 있는 것은 예술 정도밖에 없다고 밝힌다.

> '노동하는 동물'의 여가 시간은 소비에만 사용되고 시간이 남으면 남을수록 그 탐욕은 더욱 커지고 강해진다.
>
> _《인간의 조건》, 한나 아렌트

어느 사이엔가 사람들은 인간다운 관조생활을 잃었을 뿐만 아니라 인간다운 일을 잃고 '노동하는 동물'로 전락했다. 톱니바퀴 같은 노동으로 계속해서 소비재를 생산해내고 다시 홀린 듯이 이 생산물을 소비하는, 인간답지 않은 상태에 빠진 것이다. 아렌트는 이러한 현대의 상황을 다음과 같이 한탄했다.

> 근대는 전통을 완전히 뒤엎어버렸다. 즉, 근대는 활동과 관조의 전통적 순위뿐만 아니라 '활동적 생활' 속의 전통적 위계질서마저 파괴하고 노동을 모든 가치의 원천으로 찬양함으로써 예전에는 '이성적 동물'이 차지하던 지위로 '노동하는 동물'을 끌어올렸다.
>
> _《인간의 조건》, 한나 아렌트

다시 말해, 우리가 살아가는 현대는 그리스 시대보다 발전한 것이 아니라 모두 '노동하는 동물'이라는 이름을 가진 노예 이하의 존재로 추락해 인간다운 관조도 일도 잃어버린 시대다.

그러한 본말전도의 시대에 조금이라도 인간다운 존재 가치를 추구하는 자는 《그 후》의 다이스케처럼 오직 먹고살기 위해서 '노동하는 동물'로 전락하는 것을 부끄럽게 여겨 관조생활을 추구하고 고등유민이라는 유유한 삶을 택할 수밖에 없다는 것을 충분히 이해할 수 있다.

왜 노동이
찬양받게 되었나

아렌트는 왜 일의 지위가 낮아지고 옛날에는 경멸받던 노동이 오히려 찬양받게 되었는지에 대해 이렇게 말한다.

노동이 가장 경멸받는 최하의 지위에서 인간의 모든 활동 중에서도 가장 높은 평가를 받는 최고의 지위로 급격하고도 눈부시게 상승한 것은 존 로크John Locke가 '노동은 모든 재산의 원천'이라고 내세운 것이 발단이었다. 그 후 애덤 스미스Adam Smith가 '노동이 모든 부의 원천'이라고 주장하면서 노동에 대한 평가 상승은 지속되었고 카를 마르크스Karl Marx의 '노동체계'에 이르러 정점에 달했다. 이에 노동은 모든 생산성의 원천으로 인식되고 인간만이 지닐 수 있는 인간성 자체의 표현이 된 것이다.

_《인간의 조건》, 한나 아렌트

여기서는 존 로크, 애덤 스미스, 카를 마르크스가 갈고 닦은 '노동가치설', 즉 노동이 가치를 생성해내고 상품가치를 결정한다는 사고방식이 비난의 대상으로 거론된다. 아렌트는 그들이 일과 노동을 동일시했기 때문에 일만이 갖고 있던 몇 가지 능력이 노동에 주어졌다고 비판했다.

다시 말해, 소비되어 소모되고 마는 노동의 생산물과 어느 정도 영속성을 지니고 세상을 만들어내는 인간적인 일의 질적인 차이를 노동가치설 주장자들이 간과한 것이 큰 문제라고 지적한다.

그런데 이와는 완전히 다른 시점에서 노동이 찬양받게 된 이유를 고찰한 인물이 있다. 독일의 사회학자 막스 베버Max Weber다. 그가 1904년에 발표한 《프로테스탄티즘의 윤리와 자본주의의 정신》이라는 책은 이윤추구를 목적으로 하는 자본주의 정신이 역설적이게도 가장 금욕적 정신을 추구해야 할 프로테스탄트의 종교관에서 생겨났다는 내용으로 상당한 반향을 불러일으켰다.

베버는 미국 건국의 아버지 중 한 사람으로 불리는 벤저민 프랭클린Benjamin Franklin의 말을 자본주의 정신의 전형으로 소개했다.

> 시간은 돈이라는 사실을 잊지 마라. (······)
> 신용은 돈이라는 사실을 잊지 마라. (······)
> 돈은 증식해서 결실을 맺는 특성이 있다는 사실을 기억하라. (······)
> 돈을 잘 갚는 사람은 타인의 지갑을 모두 가진 것이다─이런 속담이 있다는 사실을 잊지 마라. (······)
> 신용에 영향을 미치는 일은 아무리 사소한 행동이라도 주의해야 한다.
> _《프로테스탄티즘의 윤리와 자본주의의 정신》, 막스 베버

또한 베버는 자본주의 정신이라는 에토스Ethos가 나타났다고 기술했다. 에토스는 사람들의 생활습관을 포함한 심리적 태도나 논리적 자세를 종합적으로 나타내는 개념으로 사람의 사회심리적인 경향을 의미한다.

화폐의 획득을 인간에게 의무로 주어진 자기목적, 즉 천직으로 보는 견해가 다른 모든 시대의 도덕관에 반한다는 사실은 대부분 증명을 요하지 않기 때문이다. (……) 그리고 가령 피렌체의 안토닌Antonin에게서 볼 수 있듯이, 교회의 교리가 한층 더 현실에 순응하는 경우에도 영리를 자기목적으로 하는 행위는 현존하는 사회질서가 부득이하게 관용하고 있을 뿐 근본적으로 치욕pudendum이라는 인식은 조금도 불식되지 않았다.

_《프로테스탄티즘의 윤리와 자본주의의 정신》, 막스 베버

프랭클린의 말로 대표되는 기묘한 자본주의 정신이라는 에토스는 이렇게 옛날에는 경멸받던 영리행위이며 저속한 배금주의로 여겨졌는데 대체 어떤 이유로 오늘날에는 찬양까지 받게 된 것일까.

천직이라는
개념의 속임수

．
．
．
．
．
．
．
．
．
．
．

막스 베버는 이것이 종교개혁 때
마르틴 루터Martin Luther가 성서를 번역하면서 등장시킨 천직
이라는 개념에서 비롯되었다고 믿었다.

분명히 새로운 사실은 바로 세속적 직업에서의 의무
이행을 도덕적 실천의 최고 내용으로서 중요시한 점이
다. 이것 때문에 세속적 일상 노동이 종교적 의미를 갖
는다는 사상이 필연적으로 생겼으며, 그러한 의미에서
천직이라는 개념이 처음으로 탄생했다. (……) 수도승
적 금욕을 세속적 도덕보다 고귀하다고 여긴 것이 아

니라 신이 기뻐할 만한 생활을 영위하기 위한 수단은 단 한 가지, 각자 생활상의 지위에서 생기는 세속적인 의무의 수행이며 이것이 바로 신에게 부여받은 '소명', 즉 천직이라고 믿었던 것이다.

_《프로테스탄티즘의 윤리와 자본주의의 정신》, 막스 베버

가톨릭에서는 수도원 내에서의 금욕적 생활이 최고의 도덕적 자세로 인정받았던 데 반해, 루터는 '세속 내 금욕'으로서 생활 속에서 천직을 수행하는 일이야말로 신의 의사에 따르는 가장 도덕적인 행동이라고 여겼다.

베버는 이 천직이라는 개념이 그 후 칼뱅파Calvinism(프랑스의 종교개혁자 칼뱅에게서 비롯된 프로테스탄트 사상─옮긴이)에서 파생된 청교도주의Puritanism에서 더욱 첨예해졌다는 사실을 논하고 대표적 신도였던 리처드 백스터Richard Baxter(영국 청교도 목사이자 설교자─옮긴이)가 쓴 주요 저서의 내용을 언급했다.

이처럼 백스터는 주요 저서에서 엄격하고 부단한 육체적, 정신적 노동에 대한 가르침을 반복하고 때로는 격정적일 정도로 일관되게 주장한다. (……)

하지만 노동은 그 이상의 것이며 무엇보다도 신이 규정한 생활의 자기목적이다. '일하지 않는 자는 먹지도 말라'는 사도 바울의 명제는 무조건 모든 사람에게 적용된다. 노동 의욕이 없다는 것은 구원받지 못한 상태를 드러내는 징후다. (……)

재산이 있는 자도 노동을 하지 않고서는 먹으면 안 된다. 설사 자신의 필요를 충족시키기 위해 노동하는 일은 없다 하더라도 가난한 자와 마찬가지로 복종해야 하는 신의 계명이 존재하기 때문이다. 즉, 신의 섭리에 의해 누구에게나 차별 없이 천직인 하나의 소명이 마련되었기에 사람들은 신의 영광을 나타내기 위해 그 사실을 인식하고 그 소명에 따라 일해야 한다.

_《프로테스탄티즘의 윤리와 자본주의의 정신》, 막스 베버

기독교 국가가 아닌 나라에서 살고 있는 우리에게도 친숙하게 들리는 '일하지 않는 자는 먹지도 말라'는 말이 여기에서 비롯되었다는 데 놀라움을 감출 수 없다. 자본주의는 경제체제에만 머물지 않고 기독교적 윤리관까지도 포함하여 우리에게 영향을 미쳤다. 자본주의가 수입되면서 노동에 금욕적으로 종사해야 한다는 자본주의 정신이라는 에토스까지 어느새

함께 들어온 것이다.

　이렇게 형성된 자본주의 정신은 미국으로 건너가 한층 더 질적으로 변모한다.

> 영리 추구가 가장 자유로운 지역인 미국에서 영리활동은 종교적, 윤리적 의미를 박탈당하고 지금은 순수한 경쟁의 감정과 결합하는 경향이 있어, 그 결과 스포츠의 특성을 띠는 일조차 드물지 않다. (……) 그렇다면 문화 발전의 마지막 단계에 나타나는 '종말의 인간'letzte Menschen에게는 다음과 같은 말이 진리가 될 것이다. '정신精神 없는 전문인, 심정心情 없는 향락인—이 무가치한 인간들은 인류가 지금껏 도달한 적 없는 단계에까지 올라섰다고 자부할 것이다'.
>
> _《프로테스탄티즘의 윤리와 자본주의의 정신》, 막스 베버

　이처럼 미국에서 자본주의 정신은 이미 '세속 내 금욕'이라는 종교적, 윤리적 의미조차 잃어버리고 스포츠처럼 단순한 머니게임으로 변모했다. 우리가 알고 있는 글로벌 경제의 정체가 바로 이것이다.

　여기에서 나오는 '종말의 인간'은 프리드리히 니체Friedrich

Nietzsche의 《차라투스트라는 이렇게 말했다》에 등장하는 말로
'초인'超人과 정반대인 보잘것없는 인간을 경멸하여 가리킨다.
베버는 자본주의의 말로에 출현하는 인간의 모습을 '종말의
인간'이라고 부르면서 자본주의가 향해가는 종말에 경종을 울
렸다.

정신이 깃들지 않은 전문인, 심정이 결여된 향락인은 아렌
트 식으로 말하면 분명 '노동하는 동물'이며, 인간다운 세상을
이루지 못하고 노동으로 생산된 소비재를 소비만 하면서 시
간을 메우는 수동적인 현대인의 모습 그 자체다.

> 슬프도다. 머지않아 그때가 올 것이다. 인간이 이미 어
> 떤 별도 만들어내지 못하는 때가. 슬프도다. 가장 경멸
> 스러운 인간의 시대가 올 것이다. 이미 자신조차 경멸
> 할 수 없는 인간의 시대가 올 것이다.
> 보라. 나는 당신들에게 그러한 '종말의 인간'을 보여주
> 리라. (……)
> '우리는 행복을 만들어냈다' - 종말의 인간은 그렇게
> 말하고 눈을 껌벅인다. (……)
> 그들도 역시 일한다. 일하는 것은 즐겁기 때문이다. 하
> 지만 그 즐거움이 몸을 해하지 않도록 조심한다.

그들은 이미 가난해지지도 부자가 되지도 않는다. 양쪽 모두 너무 번거로울 뿐이다. 이제 누구도 통치하려 하지 않는다. 복종하려고도 하지 않는다. 둘 다 번거롭기만 할 뿐이다. (……)

'우리는 행복을 만들어냈다' – 그렇게 종말의 인간은 말한다. 그리고 눈을 껌벅인다.

_《차라투스트라는 이렇게 말했다》, 프리드리히 니체

게으를 권리

:
:
:
:
:
:
:
:
:
:

　　　　　　　마르크스의 사위이자 사회주의자
인 폴 라파르그Paul Lafargue가 저술한 《게으를 권리》는 여느 책
과 달리 다소 과격하다. 1880년에 발표된 이 책은 앞선 시대
에 쓰였지만 지금까지 보아온 아렌트나 베버의 문제 제기를
한층 더 철저하게 다뤘다.

　　자본주의 문명이 지배하는 국가의 노동자 계급은 기묘
한 광기에 사로잡혀 있다. 그 광기가 개인과 사회에 비
참한 재난을 불러일으켜 지난 2세기 동안 가엾은 인류
를 줄곧 괴롭혀왔다. 그것은 노동에 대한 사랑, 즉 각

개인뿐만 아니라 그 자손의 활력을 고갈시키는 노동을 향한 목숨 건 열정이다. 사제도, 경제학자도, 도덕가도 이러한 정신 나간 생각을 저지하기는커녕 노동을 최고의 신성한 가치로 떠받들어왔다. 유한한 인간의 몸으로 자신들이 추앙하는 '신'보다도 위대하다고 여겼던 것이다.

_《게으를 권리》, 폴 라파르그

이는 프랑스 2월 혁명에서 노동자가 내세운 요구인 '노동의 권리'에 반박하는 글로 일반적인 사회주의의 이미지와 상당히 다르다. 다시 말해, 노동의 가치를 기반으로 하여 '노동의 권리'나 '노동자의 권리'를 요구하는 것이 아니라 놀랍게도 '게으를 수 있는 권리'를 요구하는 내용이다.

라파르그는 플라톤 Platon 이나 크세노폰 Xenophon, 키케로 Cicero 등 고대 그리스와 고대 로마 시대 철학자들의 말을 인용하고는 프롤레타리아트, 즉 무산 노동계급에게 이렇게 소리친다.

노동의 교의敎義로 흐트러진 프롤레타리아트 제군, 자네들에게 집요하리만치 은폐시켜온 이들 철학자의 말

을 이해하겠는가? 돈을 위해서 노동하는 자는 노예의
처지로 전락해 몇 년 동안 감옥에 가야 마땅할 죄를 지
은 것이다.

_《게으를 권리》, 폴 라파르그

앞서 아렌트도 저서에서 그리스의 도시국가 사람들이 얼마
나 노동을 경멸했는지 소개했는데, 라파르그 역시 그 관점을
떠올리라고 강조한다.

더욱이 라파르그는 자본주의에 농락당하는 노동자를 통렬
하게 풍자한 〈자본교〉라는 제목의 패러디 작품도 저술했다.

질문 자네, 이름이 뭔가?
대답 임금노동자입니다. (……)
질문 자네의 종교는 뭔가?
대답 '자본교'입니다.
질문 '자본교'는 자네에게 어떤 의무를 부여했는가?
대답 중요한 두 가지 의무, 즉 권리포기의 의무와 노동
　　　의 의무입니다. (……)
　　　어릴 때부터 죽을 때까지 일할 것, 태양 아래서도
　　　가스등 아래서도 일할 것, 즉 우리의 종교는 언제

어디서나 일하라고 명령하고 있습니다. (……)

질문 자네의 신 '자본'은 자네에게 어떤 보답을 내려주시는가?

대답 언제나 아내와 어린 자녀 그리고 저에게 일을 주시죠.

질문 그게 유일한 보답인가?

대답 아니요. 저희는 경외해야 할 승려나 잘사는 사람들이 항상 먹고 있는 고기와 고급 식량을 먹은 적이 없고 앞으로도 입에 댈 일이 없겠지만 그들은 저희가 맛있어 보이는 진열품을 눈으로 맛봄으로써 허기를 채우도록 허용합니다. (……) 선택받은 높은 분들이 저희 것이 될 수 없는 훌륭한 음식을 누리고 있다고 해도 그 음식들이 저희의 손과 두뇌가 만들어낸 산물이라고 생각하면 저희는 자부심을 느낍니다.

_《게으를 권리》, 폴 라파르그

'노동이 너희를
자유롭게 한다'는 거짓말

다시 처음 질문으로 돌아가보자. 《그 후》의 주인공 다이스케는 왜 일하는 것에 위화감을 느꼈을까? 아렌트와 베버, 라파르그의 논지를 참고해 다음과 같이 정리할 수 있다.

본래는 인간적인 보람을 얻어야 할 일이 어느 사이엔가 노동이라는 행위에 흡수합병되어 완전히 변질되고 말았다. 그리고 노동이야말로 가치를 창출한다는 노동가치설이 사회경제의 근본적 가치관으로 자리 잡았다. 더욱이 예로부터 가장 가치 있는 것으로 인정받던 차분한 관조생활의 의미가 완전히 잊혀 사라지고 단지 나태하고 비생산적인 것으로만 인식되었다. 또한 전력으로 천직을 수행하는 일이, 세속 내 금욕이야말로 가치 있는 삶이라는 프로테스탄트 가치관의 출발점이 되고 노동해서 돈을 버는 일이야말로 선행이라고 여겨진다. 그리고 거기서 자본주의라는 사고가 생겨나 '일하지 않는 자는 먹지도 말라'는 자본주의 정신이라는 에토스가 힘을 갖게 된다. 즉, 라파르그의 자본교에 빗대어 표현하자면 '노동교'라는 종교에 근현대인이 완전히 홀려버리고 만 것이다.

이러한 여러 가지 배경으로 인해 일하는 것이 노예적이고 비인간적인 행위로 전락하고 말았다. 고등유민이 안고 있는 위화감은 그러한 비정상적인 삶의 방식에 대한 정직한 위화감이다.

오른쪽에 나오는 사진을 보자. 아우슈비츠 수용소의 입구에 내걸린 '노동이 너희를 자유롭게 하리라'ARBEIT MACHT FREI라는 표어가 찍힌 사진이다. 물론 이 표어가 새빨간 거짓말이며 이곳에 수용되어 있던 유대인 포로들은 벌레와 다를 바 없이 착취당해 많은 사람이 병들어 죽거나 가스실로 보내지는 비참한 말로를 맞이했다는 사실은 누구나 알고 있다.

이는 상당히 특수한 상황 아래서 벌어진 대학살이었지만, 노동교가 지배하는 현대를 살아가는 우리에게 이 표어는 결코 연관 없는 역사상의 유물이 아니라 통렬한 풍자로 다가온다.

폴란드 아우슈비츠 수용소 입구

우리도 어느새 '노동이 너희를 자유롭게 하리라'라는 거짓된 표어에 휘둘려 속고 있는 것은 아닐까.

오늘날 사회에서는 노동하는 권리나 노동자의 권리를 위한 투쟁을 직접 보는 일은 있어도 관조생활을 위한 투쟁은 볼 수가 없다. 라파르그가 게으를 권리로 표현한 관조생활의 특권을 누리고자 하는 다이스케 같은 고등유민만이 혼자 묵묵히 싸우고 있다. 다소 과장해서 말하자면 우리는 노동을 기피하는 고등유민을 청교도와 같은 시선으로 멸시할 것이 아니라 오히려 존재를 건 사람들의 이의 제기라는 관점에서 받아들여야 한다.

오늘날은 노예제를 기반으로 성립한 고대 그리스 시민과 같은 생활이 가능할 리 없을뿐더러 윤리적으로도 용납되지 않는다. 그렇지만 지금껏 노예제를 대체할 수 있는 고도의 기계화와 정보화가 실현되었는데도 사람들은 여전히 노동하는 동물의 상태에서 해방되지 못하고 있으며, 오히려 거꾸로 IT 기기의 노예라도 된 듯이 오랜 시간 노동에 종사한다. 완전히 본말이 전도된 상황이다.

아렌트도 강조했듯이 노동에서 완전히 벗어나는 것은 인간으로서의 활력과 생명을 빼앗긴다는 의미다. 이는 생명체로서 갖는 하나의 진실이다. 그렇다고 해서 노동이 삶의 대부분을 차지하는 생활 또한 결코 인간적이라고 할 수 없다.

그렇다면 이렇게 모순되고 어려운 과제에 대해 어떠한 해답을 찾아낼 수 있을까.

노동을 해야 할지 아니면 하지 말아야 할지, 이런 식으로 생각한다면 도저히 다이스케가 직면한 막다른 한계를 넘어설 수 없다. 아렌트가 말한 '일'의 복권이나 활동에 대한 자각, 그리고 오래도록 망각된 관조의 의미를 조금이나마 매일매일 생활 속에서 부활시키는 것이 중요하지 않을까. 양의 차원으로 변질된 '노동'을 질 높은 '일'의 수준으로 끌어올릴 수 있도록 앞으로 진지하게 고민해야 한다.

인간다운 세상을 되찾기 위해서는 벌이가 된다거나 도움이 된다는 의미에서의 가치만을 끊임없이 추구하는 자본주의 정신이라는 에토스에서 각자가 눈을 뜨고, 생명체로서 그리고 인간으로서 의미를 느낄 수 있는 삶을 모색해야 한다. 이 좁은 길이야말로 앞으로 우리가 추구해야 할 과제이며 희망이다.

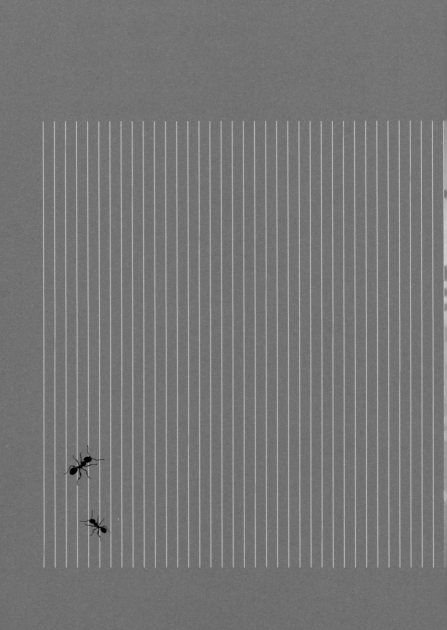

| 제3장 |

진정한 나는
어디에 있을까?

개인주의의 출현으로 각 개인에게는 자신에 대한 새로운 책임, 곧 자신다운 자신이 되어야 한다는 의무가 부과되었다. 우리는 모두 낭만주의자이며, 따라서 자기실현이라는 관념을 확고하게 믿는다. 이미 주어진 자신을 돌아보지 않고 새로운 자아의 형성만을 목표로 한다. 진정한 자아는 스스로 만들어 내야 한다.

__《노동이란 무엇인가》 중에서

진정한 자신이란
정말 존재할까?

⋮

일하는 것에 대해 근본적인 질문을 던질 수밖에 없는 고등유민은 불가피하게 '진정한 자신'을 둘러싼 질문에도 직면한다. 근대적 자아에 눈을 뜬 삶의 방식은 확실한 목적이나 의식 없이 적당히 살아가기를 거부하고 진정한 자신으로서 살아가려는 것이기 때문이다.

앞에서도 말했듯이 임상 현장에서는 지금까지 진정한 자신으로 살아오지 못했다거나 진짜 나는 어떤 모습인지 모르겠다는 고뇌를 토로하는 사람이 상당히 늘어났지만, 반면에 세상에는 이러한 문제를 진지하게 다루려고 하지 않는 풍조가 있다.

자아 찾기 같은 건 시간 낭비일 뿐이고 진정한 자신 따위 어디에도 없으며 그런 걸로 고민할 시간이 있다면 뭐든 좋으니 일을 하라는 거친 비난이 여기저기서 터져 나온다. 가뜩이나 자신감을 잃어버린 사람들은 이런 말로 인해 한층 더 심하게 자신을 부정하게 되니 난감한 실정이다.

그렇다고 해도 왜 지금까지 진정한 자신을 추구하는, 이른바 자아 찾기가 좋은 평판을 듣지 못했는지에 대해서는 직시하고 생각해볼 필요가 있다.

예전에 미국에서 시작된 자기계발 세미나가 일본에서도 유행했다. 그런 와중에 불법 다단계 판매나 마인드컨트롤을 이용한 사기 사례들이 발각되어 심각한 사회문제로 대두되기도 했다. 게다가 광신적인 신흥종교가 자아 찾기를 원하는 젊은 이들을 교묘하게 끌어들여 반사회적 사건을 일으키기도 해 자아 찾기에 대한 경계심과 거부 반응이 사회 전체에 강하게 형성되었다. 자아 찾기에 대한 거부 반응의 배경에는 틀림없이 이러한 일들이 관련되어 있을 것이다.

오늘날 항간에서 전개되는 자아 찾기에 대한 비판은 크게 두 종류로 나뉜다.

첫 번째는 종래의 헝그리 모티베이션에 바탕을 둔 가치관이다. 즉, 노동을 찬양하는 노동교 신자들의 주장으로 '자아 찾기라는 말은 일하지 않기 위한 안이한 변명에 지나지 않는다'는 감정적 반발에 기초한 것이다. 그들은 진정한 자신이라는 것이 존재하는지에 관해서도 처음부터 부정적이었으며 제대로 음미해보려는 시도조차 아예 하지 않는다. 아마도 그들은 금욕적이고 종속적인 가치관을 가진 노동교의 질서가 자아 찾기로 인해 근본부터 뒤집히고 마는 것이 아닌가 하는 위기감을 무의식적으로 느끼고 있을지도 모른다. 이는 비이성적이고 진부한 정신론을 고집하다가 사고정지상태에 빠진 보수적인 인간에게서 주로 볼 수 있는 사고방식이다.

두 번째는 고지식하고 편협한 철학적 고찰에 바탕을 둔 가치관이다. 진정한 자신이라는 건 애초에 알 수 없거니와 그 존재를 증명할 수도 없는 허상이라고 주장하며, 그런 생각을 상정하는 것 자체에 부정적인 견해를 갖고 있다.

이러한 사고는 '객관'이라는 편협한 합리성의 세상 안에서 인식할 수 있는 것만을 엄밀하게 다루려는 입장으로, 원시적인 맹신이나 종교적 사고정지에 빠지지 않기 위해서 합리적이고 과학적인 사고를 가장 중요하게 여긴다. 이것이 근현대 사회의 기본적 도그마(교리)가 되어 오늘날의 물질적 번영을 가져왔다는 사실은 두말할 필요도 없지만 진정한 자신을 추구하는 사람들의 심성에 이 사고방식을 적용하기에는 원리적으로 무리가 있다.

일찍이 프로이트가 인간 존재에게는 '물적 현실'이 아니라 '심적 현실'이 중요하다고 주장함으로써 인류가 인간을 이해하는 데 큰 진전을 가져왔다. 다시 말해, 인간이 '객관'에 의해서가 아니라 '주관'이나 이미지에 따라 규정되는 생물체라는 사실을 발견한 것이다. 이러한 내용을 염두에 두고 인간을 생각하지 않으면 진실 역시 보이지 않는다.

나 또한 이 심적 현실이 인간의 이상적인 모습에 결정적인 영향력을 미친다는 사실을 매일매일 임상 현장에서 확인하면서 매우 감탄한다. 생각과 달리 심적 현실의 변화로 인해 인간에게 일어나는 변화는 약물 등에 의한 화학적 작용을 훨씬 능가할 정도로 역동적이고 본질적이다. 신체의학적 접근이 아무 소용없었던 만성적 신체질환조차 심적 현실이 작용하여 극적으로 해결되는 경우도 꽤 많다. 이것이 바로 마음을 갖고 있는 인간 존재의 진실이다.

이렇게 마음을 지닌 인간에게는 내면적인 고뇌와 물음이 항상 따르기 마련이지만, 이에 관해서 머리라는 컴퓨터적인 이성으로 합리적 사고에 기초한 논의를 거듭한다면 결국 빗나간 결론밖에 이끌어낼 수 없다. 인간의 마음을 잘 알면 알수록 합리적 사고라는 도구로 결코 측정할 수 없는 차원이라

는 사실을 이해하게 될 것이다. 이는 연구실이나 서재에 틀어
박혀 아무리 머리를 짜낸다 해도 찾을 수 없는 이치다.

미숙한 개인에서
초인으로

⋮

자아 찾기에 관한 주제를 논할 때
면 항상 따라다니는 중요한 문제가 있다.

태어나 자라는 동안 불가피하게 마음에 그늘이 지기도 하
고 아는 것만 많을 뿐 행동이 따르지 않아 신경질적이 될 수밖
에 없는 우리의 감각과 인식을, 마음을 중심으로 회복시켰을
때 사람은 진정한 자신을 찾았다는 내적 감각을 품게 된다.
이는 다시 태어난 듯한 신선함과 기쁨이 가득 찬 경험으로 '제
2의 탄생'이라고도 불린다. 제2장에서 거론한 중년기의 위기
를 해결하는 데는 이 제2의 탄생을 경험하는 방법밖에 없다.
이러한 내적변혁 경험은 지금까지 초월체험, 각성체험, 종교

체험, 깨달음 등 여러 가지 단어로 표현되었는데, 이러한 체험을 겪은 인간과 그 이전의 단계에 머무는 인간 사이에는 절망적일 정도로 의사소통이 불가능한 벽이 가로놓인다.

지금까지 초월체험은 종교적 혹은 영적인 문맥에서 언급되는 일이 많았고, 거기에는 항상 '나만 그것을 달성한 뛰어난 사람이다', '나야말로 신에게 사랑받고 선택받은 인간이다'라는 선민사상과 같은 자부심이 항상 따라다니는 경향이 있었다.

더욱이 이 경험을 기적과도 같다고 선전하면서 그 비법을 '당신에게만 특별히 알려주겠다'는 식으로 꼬드기는 자기계발 세미나와 신흥종교, 자칭 카운슬러가 행하는 초심자 심리요법, 영적인 힐링 등이 다양하게 행해져왔다는 문제도 있다.

이때 '체험하지 못했던 일을 체험하게 한다'는 구조에서 오는 불가피한 불투명성 때문에 그 내용에 대한 옥석을 가리기가 상당히 어렵다. 그중에는 극히 편향적인 개인 경험을 강요하거나 집단심리를 이용한 세뇌 같은 위험한 요소도 드물지 않다.

인간심리를 다루는 일은 얼핏 누구나 가능해 보이지만 외과 수술에 필적하는 숙련된 기술과 깊고 보편적인 인간 이해 능력을 요구한다. 비전문가적 치료법으로 접근하다가는 자칫 정신질병을 유발하거나 정신적으로 깊은 상처 또는 편향된 가치관을 심어줄 수도 있다. 실제로 나는 지금까지 이러한 환자의 애프터케어aftercare와 정신적 재정립 치료 작업을 수없이 했는데 '말이라는 메스'는 보기보다 훨씬 지속적인 위력을 갖고 있어 결코 개인적인 경험에만 의존해 안이하게 휘둘러서는 안 된다.

앞에서도 언급했듯이 이러한 문제는 과거에 여러 번 심각한 사회문제로 불거졌던 적이 있어 많은 사람에게 마음의 문제와 진지하게 마주하는 작업에 대한 강한 불신과 감정적인 거부반응을 일으켰다는 아쉬운 측면이 있다. 그렇다고 해서 '마음'의 문제로 다루어야 할 일을 냉정한 합리주의적 철학만으로 다루는 것 또한 다른 의미로는 잘못이다.

예전에 책을 쓸 때 수차례 인용한 소세키의 《나의 개인주의》에는 진정한 자신을 찾아낸 소세키 자신의 기쁨에 찬 체험이 생생하게 드러나 있다.

> 아! 여기에 내가 나아갈 길이 있었구나! 드디어 찾아냈
> 도다! 이러한 감탄사를 마음속에서 외칠 때, 당신들은
> 비로소 안도할 것이다. (……) 만약 도중에 안개나 아지
> 랑이를 만나 고뇌하는 사람이 있다면 어떤 희생을 치
> 르더라도 '아, 여기다' 하고 찾아낼 때까지 가면 좋을

것이다. (……) 그러므로 만약 이 중에 나와 같은 질병
에 걸린 사람이 있다면 부디 씩씩하게 앞으로 나아가
기를 바라 마지않는다. 만약 그곳까지 갈 수 있다면 여
기에 내가 안주할 수 있다는 사실을 깨닫고 생애 최고
의 안도감과 자신감을 얻게 되리라고 믿는다.

_《나의 개인주의 외》, 나쓰메 소세키

이것은 소세키가 말년인 1914년에 가쿠슈인 대학에서 학
생들에게 강연한 내용을 기록한 글이다. 소세키 자신이 예전
에 진정한 자신을 찾기 위해 고뇌한 끝에 '자기본위'라는 경지
를 빠져나온 기쁨이 이 글에 진하게 묻어 나온다.

이처럼 진정한 자신을 찾는 경험을 하면 반드시 일정한 시
간이 흐른 후에 자신에 대한 집착이 사라지는 새로운 단계로
들어서게 된다.

소세키에게도 예외 없이 자기본위의 상태 후에 이 단계가
찾아왔다. 소세키는 이 경지를 '칙천거사'則天去私라는 말로 표
현했다. 그가 만들어낸 이 말은 '하늘의 뜻을 따르고 사심을
버린다'는 의미로 자신이라는 '일인칭'에 대한 집착이 사라진
'초월적 0인칭'의 경지를 가리킨다.

초월적 0인칭은 내가 옛날에 쓴《나답게 살아가기 위한

말》私を生きるための言葉이라는 책에서 주장한 내용으로 진정한 자신이라는 일인칭을 얻은 후에 자신에 대한 집착이 사라진 상태를 말한다. 일인칭이 사라진 후의 0인칭과 일인칭에 아직 도달하지 못한 0인칭(이것을 '미숙한 0인칭'이라고 부르자)은 '나라는 존재가 없다'는 점만 보면 비슷해 보이지만 질적으로 전혀 다른 차원에 속해 있기 때문에 그렇게 이름 붙여 구분한 것이다.

이러한 인간의 변화와 성숙 과정을 니체는 《차라투스트라는 이렇게 말했다》에서 낙타→사자→아이라는 '세 단계 변화'로 비유한다. 낙타는 미숙한 0인칭이며 사자는 일인칭, 그리고 아이가 초월적 0인칭에 해당한다.

여기서 오해하지 말아야 할 것은 낙타로 상징되는 미숙한 0인칭이 미성년과 같은 미숙한 상태를 가리키는 것이 아니라 우리가 '한 사람 몫을 하는 사회인'이라고도 부르는 사회적응적 상태라는 점이다. '한 사람 몫을 하는 사회인'이라는 상태는 결코 인간으로서 완성되어 있지 않으며 인간의 내적 성숙이라는 관점에서는 아직 걸음마 단계에 있다는 의미다.

이러한 이해를 전제로 진정한 자신에 관해 다시 한 번 정리해보자.

진정한 자신이 있느냐 없느냐의 문제를 미숙한 0인칭 상태의 사람이 논하고 있다면 어차피 진정한 자신을 경험한 적이 없기 때문에 '그런 건 없다'고 결론을 내리기 쉽다. 1인칭 혹은 초월적 0인칭을 경험한 사람은 반드시 진정한 자신의 존재를 긍정할 것이다. 따라서 이 논쟁은 각자 자신이 경험한 내용이나 차원이 결정적으로 다르기 때문에 끝까지 평행선이 될 수밖에 없는 구조로 되어 있다.

이 과정을 경험한 적이 없는 사람은 '0→1→0'이라는 변천이 있다는 사실조차 모른다. 단순히 자신의 지식에 근거해서 초월적 0인칭을 잘 안다고 믿고 진정한 자신 같은 것은 존재하지 않는다고 단정 짓거나 자아 찾기를 한다 해도 어차피 양파 껍질을 벗기듯 의미가 없다는 등 지레짐작해서 논하는 경향이 있다.

또한 진정한 자신은 단 하나가 아니라 다양한 면이 있는 게 당연하다는 의견도, 신경증적인 0인칭 단계를 벗어나지 못한 사람이 진정한 자신과 사회에 적응한 '한 사람 몫을 하는 사회인'을 혼동해서 겨우 짜낸 관점으로 이 또한 문제의 본질을 제대로 파악하지 못했다고 볼 수 있다.

이러한 언설의 대다수는 먹은 적도 없고 본 적도 없는 요리를 맛없다든지 먹을 가치가 없다고 단정하는 행태와 마찬가지로, 진지하게 진정한 자신을 추구하는 사람들을 괜스레 혼란스럽게 할 우려가 있다. 자신이 경험한 적이 없다고 해서 '그런 건 없다'고 단정 짓지 말고 솔직하게 '모르겠다'고 인정하는 자세야말로 진정 이성적인 태도다.

의미와 의의는
어떻게 다를까?

이 책의 앞머리에서 나는 "인간은 삶에서 의미를 느끼지 못하면 살아갈 수 없는 생명체다."라고 말했다. 이 '의미'란 대체 무엇이며 그것은 과연 어떻게 느낄 수 있는가를 깊이 생각해보자.

우선 의미를 명확히 정의하기 위해서 비슷한 뜻으로 자주 사용하는 의의와 어떻게 다른지 알아보자.

'의미'意味와 '의의'意義라는 개념의 차이는 논리학이나 현상학 분야에서도 다양하게 논의되는 주제다. 하지만 그러한 논의는 너무 전문적이어서 우리가 '살아가는 의미'라는 문제를 생각하는 데 별반 참고가 되지 않는다. 그러므로 여기서는 평소에 우리가 사용하는 감각을 바탕으로 두 단어를 각기 다르게 정의할 것이다.

현대를 살아가는 우리는 어떤 일을 할 때 자신도 모르게 '할 가치가 있는지 없는지'를 생각하는 경향이 있다. 가치가 있으면 하고 그렇지 않으면 하지 않는다는 사고방식에는 의의라는 말이 밀접하게 관련되어 있다. 다시 말해, '의의가 있다'고 말할 때는 그 일이 가치를 만들어내는 행위라고 생각하는 것이다.

또한 '시간을 의의 있게 사용하자', '의의 있는 여름방학을 보내자'라는 슬로건은 우리가 어릴 때부터 질릴 정도로 많이 들어온 익숙한 말이다. 언뜻 교육적인 슬로건처럼 들리지만 실은 상당히 우리를 숨 막히게 하는 말이기도 하다.

우울증 상태에 빠진 사람들이 어쩔 수 없이 요양해야 하는 상황에 이르렀을 때 가장 먼저 맞닥뜨리는 문제가 의의 있는 생활을 할 수 없게 되었다는 고뇌와 자책이다. 일을 한다거나 학교에 다니는 등 의의 있는 일이 불가능해지자 자신을 '가치 없는 존재'라고 자책하는 것이다.

아무 문제없이 일하고 사회에 적응하던 때에는 깨닫기 어렵지만 현대인은 '항상 의의 있게 지내야 한다'고 생각한다. 시간을 의의 있게 보내지 않으면 큰일이라도 날 듯한 일종의

강박관념에 사로잡혀 있는 것 같다. 특히 최근에는 소셜네트
워크에 사진과 함께 글을 올릴 만한 '무언가를 하는' 것이 중
시되는 분위기가 형성되어 어쩌다 빈둥빈둥 시간을 보내기라
도 하면 '아무것도 하지 않았다'는 꺼림칙한 기분에 시달린다.
아무런 가치도 만들어내지 못했기 때문에 아무 의의가 없다
고 느끼는 것이다.

현대에는 특히 '가치'라는 개념이 돈이 되거나 지식이 늘어
나거나 실력이 쌓인다거나 다른 분야에 도전할 수 있는 자질을
기르는 등 뭔가 실질적으로 도움이 되어야 한다는 의미에 극단
적으로 치우쳐 있다. 따라서 의의라는 말도 그러한 식의 가치
창출로 이어지는 일만 가리키는 뉘앙스를 띠게 된 것이다.

반면에 의미라는 말은 반드시 의의처럼 가치의 유무를 따
지지는 않는다. 게다가 타인이 어떻게 생각하든 상관없이 본
인만 의미를 느꼈다면 의미 있는 것이 된다. 즉, 오직 주관적
이고 감각적인 만족에 의해 결정되는 것이다.

다른 말로 정리해보면 의의는 우리의 '머리'로 이해득실을
판단하는 것과 관련되어 있는 반면에, 의미는 '마음=몸'에 의
한 감각이나 감정의 기쁨에 의해 인식되며 여기에는 '맛본다'
는 느낌이 포함되어 있다. 이렇게 본다면 이 둘이 상당히 다
른 개념이라는 사실을 확실히 알 수 있다.

그런데 현대인이 살아가는 의미를 추구할 때 무심결에 의미와 의의를 혼동해 결국 살아가는 의의나 가치를 묻게 되는 경우가 많다. 이러한 혼동으로 인한 오인이 문제를 한층 더 어렵게 만든다.

사람이 살아가는 의미를 고민해야 하는 이유는 의의를 추구하는 삶에 지쳤기 때문이며 그렇기에 다시금 의의를 물어본다고 해서 무언가를 찾을 수 있지도 않다. 생산기계처럼 항상 가치를 만들어내야 한다는 압박을 느껴온 우리는 의의 있는 일을 하라는 주술에 꽁꽁 묶여 초조해하고, 무엇보다 소중한 의미를 느끼며 사는 삶을 상상할 여유조차 없는 상태에 빠진 것이다.

우리가 어렸을 때, 하루가 무척 길게 느껴지고 미지의 세계를 향한 호기심과 자유로운 공상 속에서 아무런 제약도 없는 꿈을 키우던 무렵에는 살아가는 일이 의미로 가득 차 있었다. 아무것도 인쇄되어 있지 않은 광고지 뒷면에 마음껏 크레용으로 그림을 그리던 시절, 그 행위에는 무언가 가치를 만든다거나 장래 화가가 될 거라는 현세적인 가치가 요구되지 않았으며 자신 또한 그런 생각을 하지도 않았다.

하지만 그러한 어린 시절조차 현대에 이르는 입시를 위한 미술학원과 같은 의의 있는 교육에 흡수되어 어느 사이엔가 그림 그리기도 특기를 익히기 위한 의무적인 작업으로 변질되고 말았다. 아이의 세계에서 자연스럽게 의미 같은 건 완전히 사라지고 살아가는 기쁨과 전혀 관계없는 의의만이 그들의 마음속에 공허하게 쌓여가는 것이다.

삶이 있는 곳에
의지가 있다

:
:
:
:
:
:
:
:

살아가는 의미는 정말로 있을까?

정신요법을 시행하다 보면 이러한 질문을 많이 받는다. 특히 젊은 세대의 상담자들이 이렇게 묻는 경우가 많다. 부모나 교사를 비롯해 그들이 주위에서 보는 어른들의 삶은 아무리 봐도 의미가 있다고는 보이지 않는다는 데 그 배경이 있다.

그런데 '살아가는 의미는 있는가?'라는 물음에 '있다' 또는 '없다'고 대답하는 것은 적절하지 않다. 이는 대답이 없다는 뜻이 아니라 이 물음이 전제로 하는 사고 자체가 가진 오류를 먼저 다뤄야 하기 때문이다. 그렇다면 그 오류는 무엇일까.

바로 인생 자체에 미리 의미가 있거나 없다고 상정하고 있다는 점이다. 의미라는 것은 고정적으로 존재하지 않는다. 의미는 사람이 '의미를 추구한다'는 '지향성'을 가질 때 비로소 생겨나는 특성이 있다.

달리 표현하자면 의미는 어딘가에 점처럼 존재하는 것이 아니라 의미를 추구한다는 의식의 방향이 생기면서 출현하는, 어디까지나 동적인 개념이다. 즉, 의미는 결코 어딘가에서 찾아주기를 줄곧 기다리는 고정된 성격이 아니라 의미를 추구하는 자신의 내면이 작용하면서 비로소 생겨난다.

프랭클은 이것을 '의미에의 의지'라는 말로 표현했다. 프랭클은 '의미에의 의지'를 프로이트가 중시한 '쾌락에의 의지'나 아들러가 중시한 '권력에의 의지'와 비교해서 다음과 같이 언급했다.

> 실제로 쾌락에의 의지나 권력에의 의지도 마찬가지다. 하지만 쾌락이 의미 성취의 부차적 성과인데 반해 권력은 의미 성취가 일종의 사회적, 경제적인 모든 조건에 구속되어 있는 한, 목적을 위한 수단이다. 그런데 인간은 언제 쾌락이라는 단순한 부차적 성과를 걱정하고 또한 언제 권력이라고 불리는, 목적을 위한 단순한 수단만으로 만족하는 것일까. 쾌락에의 의지나 권력에

의 의지 형성은 매번 의미에의 의지가 좌절당할 때 비로소 생겨난다.

_《무의미한 삶의 고통》, 빅터 프랭클

여기서 프랭클은 살아가는 의미를 추구한다는 '의미에의 의지'야말로 본질적인 방향이므로 의미의 부산물인 쾌락이나 의미를 얻기 위한 방편에 불과한 권력을 목표로 여기는 것은 정당한 방식이 아니라고 주장하며 프로이트나 아들러와 다른 견해를 제기한다.

나도 이 주장에는 전적으로 동감한다. 인간은 프로이트의 말처럼 '리비도'libido라는 성적 에너지만으로 설명할 수 있는 천박한 존재가 아니다. 아들러가 논한 것처럼 인간을 움직이는 근원적인 동기는 권력이나 우월감의 추구라고 할 만큼 세속적이지 않기 때문이다.

물론 인간에게는 쾌락이나 권력을 좇는 천박한 면이 있다는 것도 하나의 진실이다. 그렇다고 해서 인간이 결코 쾌락과 권력에만 머무는 존재는 아니다. 인간은 살아가는 의미를 추구하지 않고서는 살 수 없는 철학적 성질을 가지고 있어 다른 동물과 구별되는 실존적인 내면의 깊이를 갖추었다.

프랭클의 '의미에의 의지'라는 개념은 원래 니체가 강조한

'권력에의 의지'라는 개념에서 가져온 발상이다. 그렇다면 '권력에의 의지'를 니체가 어떻게 설명했는지 살펴보자.

> 나는 대개 살아 있는 자가 발견되는 곳에서 권력에 대한 의지도 찾아냈다. 그리고 복종해 섬기는 자의 의지 속에서도 주인이고자 하는 의지를 찾아낸 것이다. (……) 삶 자체가 이러한 비밀을 내게 알려주었다. '보라! 나는 항상 나 자신을 극복하고 이겨내야 한다.' (……) 삶이 있는 곳에만 의지가 있다. 하지만 그것은 삶에 대한 의지가 아니라, 내가 그대에게 가르쳐주건대 그것은 권력에 대한 의지다.
>
> _《차라투스트라는 이렇게 말했다》, 프리드리히 니체

여기서 '권력에의 의지'는 '주인이고자 하는 의지'로 바꿔 말할 수 있다. 다시 말해, 자신이 항상 모든 일의 주인이 되려는 의식이다. 즉, 세상과 세상의 진리, 생명체의 본질 등을 인식하는 주체가 되려는 의지를 갖는 일을 말한다. 그 인식 자체도 결코 고정적으로 머물지 않고 끊임없이 자기를 극복하면서 끝없이 높은 곳을 목표로 전진해나가고자 하는 동적인 개념으로 인식한다.

니체는 이처럼 방향성을 갖고 부단히 나아가는 인간의 성질이야말로 '권력에의 의지'라는 삶의 본질이라고 파악한 것이다. 이로써 프랭클의 '의미에의 의지'라는 개념은 니체가 '권력에의 의지'라고 부른 삶의 본질 중 하나라는 사실을 확실히 알 수 있다.

결국 살아가는 일 자체를 우리 의식이 대상화하여 '인생'이라 이름 붙이고 거기에 의미를 묻는 방향성을 부여하는 것, 그리고 스스로 자기 인생의 주인이 되고자 하는 것, 이렇게 인간만이 할 수 있는 일련의 행위야말로 프랭클이 말한 '의미에의 의지'가 추구하는 본질이다.

일은 자아 찾기
과정이 아니다

컴퓨터 역할을 하는 머리는 사물을 대상화하고 인식하여 모든 것의 주인이 되려고 하는 특성이 있다. 그렇지만 머리는 질 자체를 직접적으로 인식하지 못하고 양에 적용시킨 형태로밖에 대상을 파악하지 못한다. 그래서 자칫 대상 자체의 본질에서 벗어나 수단이나 부산물을 목적이라고 잘못 파악하기가 쉽다. 수단을 자기목적화하거나 결과만을 단편적으로 추구하는 이유가 여기에 있다.

따라서 우리가 추구하는 가치는 모두 이러한 머리의 착오로 인식된 것일 뿐이라고 말해도 좋다. 고학력을 달성하고 일류 기업에 취직해 높은 사회적 지위와 수입을 얻는 일, 결혼

해서 아이를 낳고 집을 마련하고 아이를 좋은 학교에 보내 다양한 것을 배우게 하는 일 등 많은 사람이 기를 쓰고 좇는 가치는 원래 행복하게 살고자 하는 목표를 이루기 위한 수단에 불과했다. 그런데 어느 사이엔가 그들 수단 자체가 목적으로 변질된 것이다.

한편 우리의 본능적 부분인 '마음=몸'은 질을 직접 감지하고 맛볼 수 있는 특성을 지니고 있다. 이 '마음=몸'이야말로 인간 본연의 중심이며, 마음과 신체의 다양한 경험을 통해 우리는 행복을 느낄 수 있다. 다시 말해, 사람이 살아가는 의미를 느끼는 것은 결코 가치 있는 일을 이뤄서가 아니라 '마음=몸'이 다양한 일을 맛보고 행복을 느낌으로써 실현된다.

이번 장에서 생각해본 진정한 자신으로 살아간다는 것은 결국 이러한 자신 본연의 모습으로 돌아오는, 혹은 빠져나오는 일이다. 진정한 자신은 어딘가 밖에서 기다리는 것이 아니라 자신의 내면에 있는 '마음=몸'을 중심으로 한 생명체로서 자연스러운 본연의 모습으로 돌아옴으로써 달성된다.

1970년에 태어난 노르웨이의 철학자 라르스 스벤젠Lars Svendsen의 최근 저서 《노동이란 무엇인가》에는 이런 말이 쓰여 있다.

'천직으로서의 노동'이라는 개념의 잔재는 오늘날 여기저기에서 볼 수 있는 '진정한 자아'를 찾는 와중에 나타난다. 우리가 이직하는 비율은 매년 높아지고 있다. 천직이라는 개념은 근대의 개인주의에 의해 변질되고 말았다. 우리는 이미 신에게 봉사하는 것이 아니라 자신에게 봉사하고 있으며 '개인'으로서의 자신에 대한 우리의 가장 중요한 의무는 자기실현이다. (……) 오늘날 우리는 자신과 어울리는 일을 찾는 데 열심이다. 직업과 그에 종사하는 사람 사이에는 궁합이 있기 마련이다. (……)

개인주의의 출현으로 각 개인에게는 자신에 대한 새로운 책임, 곧 자신다운 자신이 되어야 한다는 의무가 부과되었다. 우리는 모두 낭만주의자이며 따라서 자기실현이라는 관념을 확고하게 믿는다. 이미 주어진 자신을 돌아보지 않고 새로운 자아의 형성만을 목표로 한다. 진정한 자아는 스스로 만들어내야 한다. 이제 노동은 스스로 자아를 창출하는 과정에서의 도구다.

이것을 천직이라는 관념의 낭만주의적 변형이라고 불러도 좋다. 낭만주의자라는 데 관련된 문제는 자신이 목표로 하는 궁극적이고 개인적인 의미가 완전히 실현

되지 않는 이상 결코 만족을 얻지 못하며, 영원히 지속
되는 만족 또한 얻을 수 없다는 점에 있다.

_《노동이란 무엇인가》, 라르스 스벤젠

앞 장에서도 언급했지만, 루터는 성서에 자주 등장하는 '소
명'이라는 개념을 '일에 종사하는 것은 모두 소명이다'라고까
지 확대해석하고 이것을 '천직'이라고 불렀다.

하지만 오늘날 사람들은 이미 신의 명령에 따르는 것이 아
니라 자기실현이라는 명목으로 '본연의 나'에 어울리는 직업
을 찾는 데 힘을 쏟고 있다. 스벤젠은 이러한 현대인의 상황
을 비꼬아 '낭만주의적 변형'이라고 지적한다.

최근 철학자들의 논조와 마찬가지로 스벤젠의 의견에도
'본연의 나' 찾기, 즉 진정한 자신을 찾는 일에 대한 회의적인
뉘앙스가 들어 있다. 하지만 현대의 진정한 자신 찾기가 자신
에게 어울리는 일 찾기로 바뀌었다는 그의 지적은 중요한 문
제를 제기하고 있다.

다시 말해, "이미 주어진 자신을 돌아보지 않고 새로운 자
아의 형성만을 목표로 한다. 진정한 자아는 스스로 만들어내
야 한다. 이제 노동은 스스로 자아를 창출하는 과정에서의 도
구다."라고 말했듯이 진정한 자아가 자신의 내면에 있는 것이

아니라 본인에 의해 창출되는 '새로운 자신'으로 완전히 개념
이 바뀌었다는 점은 참으로 이상한 현상이다. 게다가 많은 사
람이 일 찾기를 통해 자아를 찾을 수 있다고 믿고 있으니 말이
다. 이렇게 진정한 자아가 자신의 내면이 아니라 바깥쪽에 갖
춰져 있고, 그래서 이미 사회에 마련된 '직업'과 연결함으로써
자아가 실현된다는 사고방식은 확실히 사람들을 끝없는 '자아
찾기', 즉 '일 찾기'의 미로로 몰아넣고 있다. 그는 이것이 문
제라고 지적하는 것이다.

그의 말을 내 나름대로 정리해보면 문제점은 크게 두 가지
로 요약된다. 진정한 자신을 밖에서 찾고 있다는 점과 그것을
직업이라는 좁은 범주에 맞춰서 찾고 있다는 점이다.

물론 사람이 진정한 자신으로 살고 싶다고 진지하게 갈망
하는 바람 자체는 결코 비난받을 일이 아니다. 하지만 세상에
준비되어 있는 일의 대다수가 '노동'이라고 불리며 보람이 적
고 단편화되어 있는 오늘날, 기존의 선택지 안에서 끝없이 '직
업 찾기'에 매달려 헤매고 있어서는 안 될 일이다.

때로는 자신의 내면에서 '마음=몸'이 내는 목소리에 귀를
기울여보자. 직업이나 활동이라고 부를 수 있는 일을 스스로
창출하는 것도 좋고, 어딘가에 이상적인 직업이 준비되어 있
다는 환상에서 벗어날 수 있다면 자신의 자질에 맞고 더 어울

리는 직업으로 진로를 변경해보는 것도 좋다.

일하는 데 중점을 두지 않고 살아가는 삶을 선택할 수도 있다. 가령 노동에 종사해야만 하는 경우에도 어떻게 하면 자신이 '의미 있는 일'이라고 부를 수 있는 분야로 다가갈 수 있는지를 궁리하면 된다. 언뜻 무미건조하게 여겨지는 노동에서도 '마음=몸'의 관여로 질을 회복시킬 수 있는 여지를 발견할 수 있다.

어찌되었든 인간에게 주어진 지혜는 '마음=몸'을 원천으로 하며 결코 수동적이고 종속적인 태도를 바람직하다고 인정하지 않는다. '마음=몸'을 중심에 둔 진정한 자신의 이상적인 모습은 능동성과 창조성 그리고 무엇보다 놀이를 만들어낸다.

한 개인으로서 인간은 하나의 직업에만 갇힐 정도로 하찮지 않다. 현대를 살아가는 우리가 고대 그리스인이 일찍이 인간다운 이상으로서 인식하던 일이나 활동, 관조생활을 조금이나마 우리의 삶에 다시 회복시킬 수 있을까. 우리에게 주어진 과제는 무조건 노동을 찬양하는 노동교에서 벗어나 다시금 진정한 인간으로 부활하는 것이다.

기독교적인 금욕주의를 시발점으로 하여 천직이라는 개념이 등장하자 일하는 것이 인생에서 가장 중요한 과제로 좁혀졌고, 그것이 거꾸로 돈을 버는 일이 찬양받는 자본주의를 등장시킴으로써 어느새 천박한 욕망을 자극하고 확대 재생산하는 이 괴물이 우리의 신이 되었다. 이에 봉사하는 일을 소명이라며 사람들에게 요구하는 것, 이것이 바로 노동교의 정체다.

하지만 한 사람 한 사람의 '마음=몸'에서 샘솟는 지혜가 유능한 관리자인 '머리'의 이성과 협력하여 사회를 향해서 움직이기 시작할 때, 기존의 형태에 얽매이지 않는 그 사람다운 발전을 반드시 이끌어낼 것이다.

그렇게 살아가는 사람이 한 명씩 늘어나면 비인간적인 노동이 점차 일이나 활동으로 바뀌고 인간이 인간답게 살아갈 수 있게 될 것이다. 그것이 이른바 노동교에서 벗어나는 길이며 현대를 살아가는 우리 각자에게 중요한 사명이다.

제4장

우리는 어디로
향해야 할까?

사랑은 자발성을 구성하는 가장 중요한 요소다. 하지만 그 사
랑은 자아를 상대 속에 용해하는 것이 아니고 상대를 소유하
는 것도 아니다. 상대를 자발적으로 긍정하고 개인적 자아를
갖춘 뒤에 개인을 타인과 단단히 엮는, 바로 그 사랑이다.
__《자유로부터의 도피》중에서

자유라는
이름의 감옥

헝그리 모티베이션 시대에는 살
아가기 위해 해야 할 일이 명확해서 사람들이 '무엇을 할까'에
대해 그다지 고민할 필요가 없었다. '부자유'에서 '자유'를 지
향하는 일, 즉 마이너스에서 제로로 다가가는 일이 분명한 최
우선 과제였기 때문이다.

하지만 제로에서 플러스로 향할 경우, 필사적으로 추구해
온 자유가 오히려 역설적이게도 성가신 장애물로 우리의 앞
을 가로막아 선다.

자유라는 것은 자유롭지 못할 때는 눈부시게 빛나는 목표로
명확히 인식된다. 하지만 부자유가 해소되는 순간 자유는 이미

목표가 아니다. 오히려 "자, 마음껏 자유롭게 하십시오!" 하고 의미심장한 미소를 띠면서 수수께끼를 내듯이 우리를 옥죄어 온다.

오늘날 '나는 무엇을 하고 싶은가?'라는 물음으로 고민하는 사람이 결코 적지 않다. 그들은 자유를 한번 손에 넣어보면 자유란 부자유 속에서 꿈꾸던 파라다이스가 아니라는 것을 깨닫게 된다. 어쩌면 감옥같이 느낄지도 모른다.

에리히 프롬이 쓴 《자유로부터의 도피》는 이러한 인간의 역설적인 심리에 관해서 고찰한 명저다. 우선 프롬은 자유를 두 가지로 분류했다. 그것은 '~으로부터의 자유'와 '~으로의 자유'다.

'~으로부터의 자유'는 프롬이 명명한 '일차적 관계'에서 벗어나는 것을 가리킨다.

나는 개체화의 과정에 따라 개인이 완전히 자유가 되기 전에 존재하는 이들의 인연을 '원초적 유대'라고 명명하고자 한다. 그것은 정상적인 인간 발달의 일부라는 의미에서 유기적이다. 거기에는 개성은 결여되어 있지만 안정감과 방향성이 있다. 또한 아이와 어머니를 이어주는 끈, 미개 사회의 구성원을 그 씨족과 자연에 결

속해주는 끈, 또는 중세 사람을 교회와 그 사회적 계급
으로 연결 짓는 끈이다.

_《자유로부터의 도피》, 에리히 프롬

　이 원초적 유대를 끊고 개체화하는 일, 즉 자신을 제약하고
속박하는 여러 가지 인연으로부터 독립해 자유로운 한 사람
의 개인이 되려는 일은 인간이 성장할 때 반드시 거쳐야 하는
과정일 뿐만 아니라 인류가 르네상스 이후 걸어온 역사 자체
이기도 하다. 하지만 이는 아직 '~로부터의 자유' 단계이며
이 자유는 '소극적인 자유'에 불과하다고 프롬은 강조했다.
　이 개체화 과정에 의해 사람은 자아의 힘을 어느 정도 성장
시키지만 그와 동시에 고독과 불안 그리고 스스로 느끼는 무
력감이나 압박해오는 무거운 책임 등 다양한 고난에 직면하
게 된다.
　그렇다면 인간은 대체 어떻게 해야 하는가. 크게 두 가지
방향으로 나눌 수 있다.

　개체화가 차근차근 진척되어갈 때마다 사람들은 새로
운 불안에 휩싸였다. 원초적 유대는 한번 단절되면 다
시는 되돌리지 못한다. 한번 낙원을 잃은 인간은 다시

그곳으로 돌아갈 수 없다. 개별화된 인간을 세상과 다시 이어주는 데는 단 한 가지 효과적인 해결법이 있다. 이른바 모든 인간과의 적극적 연대 그리고 애정과 일이라는 자발적 행위다. 이들은 원초적 유대와 달리 인간을 자유롭고 독립된 개인으로서 다시금 세상과 이어준다. 하지만 개체화 과정을 추진해나가는 데 있어 모든 경제적, 사회적, 정치적인 조건이 지금 언급한 의미에서의 개체 실현을 방해한다면, 한편으로는 사람들에게 예전에 안정을 가져다주었던 인연은 이미 상실되었으므로 이 어긋남이 자유를 감당하기 어려운 무거운 부담으로 바꾼다. 그렇게 되면 자유는 의혹 그 자체가 되어 무엇을 해야 할지, 어디로 가야 할지 모른 채 의미와 방향을 잃고 만다. 그리하여 설령 자유를 잃는다 해도 이러한 자유에서 벗어나 불안에서 구해줄 수 있는 인간이나 외부 세계에 복종하며 그들과 관계를 맺으려고 하는 경향이 강하게 생겨난다.

_《자유로부터의 도피》, 에리히 프롬

다시 말해, 인간은 원초적 유대로부터 독립하더라도 본래는 '자발성'에 기초한 애정과 일에 의해 세상과 새로운 관계를 맺을 수 있다. 하지만 이것이 불가능할 때 사람은 '설령 자유를 잃는다 해도 이러한 자유에서 벗어나 불안에서 구해줄 수 있는 인간이나 외부 세계에 복종하며 그들과 관계를 맺으려고' 하는 것이다. 프롬은 이러한 사람들의 심리가 결과적으로 나치즘을 탄생시켰다고 날카롭게 고찰했다.

최근 일본에서도 동일본대지진을 계기로 '인연'이라는 말이 여기저기서 들려온다. 이에 나는 다소 위화감과 두려움을 느낀다. '인연'이라는 슬로건 속에서 어딘가 원초적 유대로의 회귀를 장려하는 듯한 일종의 반동적인 뉘앙스를 알아차렸기 때문이다.

프롬은 이렇게 말했다.

> 육체적으로 다시 엄마의 배 속으로 돌아갈 수 없듯이, 아이는 정신적으로도 개체화 과정을 역행할 수는 없다. 만약 억지로 역행하려고 한다면 그때는 반드시 복종의 성격을 띠게 된다. 게다가 그러한 복종에서는 권위와 그에 복종하는 자녀 사이의 근본적인 모순이 결코 제거되지 않는다. 아이는 의식적으로 안정과 만족을 느낄 수 있지만 무의식적으로는 자신이 치르고 있는 대가가 자신의 강인함과 통일성의 포기라는 사실을

알고 있다. 이러한 복종의 결과는 분명 옛날과 정반대
다. 복종은 아이의 불안을 증폭시키는 동시에 적의와
반항을 불러일으킨다. 그리고 그것은 아이가 의존하
는, 또는 의존하게 된 바로 그 사람을 향하게 되므로
그만큼 더 무서운 일이다.

_《자유로부터의 도피》, 에리히 프롬

현대를 살아가는 우리는 이미 원초적 유대관계가 있는 곳
으로 돌아갈 수 없다. 만약 억지로 돌아가고자 '자신의 강인함
과 통일성'을 포기하고 어떠한 권위에 복종한다면 그것은 틀림
없이 파시즘을 되돌아오게 하며 유대인 대학살과 같은 비참한
결과밖에 초래하지 못할 것이다. 이 '자유'의 무게, 즉 불안이
나 고독, 허무함에 무릎 꿇지 않으려면 어떻게 해야 하는가.

프롬은 사람이 '~으로의 자유', 즉 '적극적인 자유'를 실현
하는 데 꼭 필요한 요소로서 '자발성'을 강조했다.

자발적인 생활이 왜 자유의 문제에 대한 대답이 되는
것일까. (……) 자발적인 활동은 인간이 자아의 통일을
희생하지 않고 고독의 공포를 극복할 수 있는 하나의
방법이다. 사람은 자아를 자발적으로 실현함으로써 그

자신을 새롭게 외부 세계로, 즉 인간과 자연 그리고 자
신에게로 결속하기 때문이다. 사랑은 이러한 자발성을
구성하는 가장 중요한 요소다. 하지만 그 사랑은 자아
를 상대 속에 용해하는 것이 아니고 상대를 소유하는
것도 아니다. 상대를 자발적으로 긍정하고 개인적 자
아를 갖춘 뒤에 개인을 타인과 단단히 엮는, 바로 그
사랑이다.

_《자유로부터의 도피》, 에리히 프롬

즉, 자발성이 있으면 사람은 인연에 의지하지 않고도 새롭
게 외부 세계와 연결될 수 있다. 게다가 그 연결방법은 의존
과 지배가 아니라 서로의 독립성이 존중받는 형태다. 프롬은
그것이 바로 '사랑'이라고 설명한다.

살짝 더 보충하자면, 이 사랑은 타인을 향하기 전에 먼저
자신에게 향한다. '자신을 새롭게 자기자신에게 연결한다'는
표현은 이해하기 어렵지만, 이는 '자신을 사랑한다'는 뜻이다.
다른 말로 표현하자면 건전한 자기애가 기능한다는 것으로
이러한 사랑의 상태는 종종 항성恒星인 태양에 비유된다.

'자신이 자신을 사랑한다'는 말은 자가발전이 이루어지는
자립적 존재인 태양, 즉 활활 타올라 빛나는 태양의 이미지 자

체다. 그리고 그 빛과 열이 스스로 고독의 어둠과 추위를 물리치는 것은 물론, 잉여 에너지가 주위에 아낌없이 방사된다. 따라서 그것은 아무런 보상도 바라지 않는 무상의 자애慈愛다.

한편, 고독에 떨며 의지할 데 없는 외로움과 무의미에 짓눌려 뭉개질 듯한 상태는 달에 비유할 수 있다. 달은 스스로 열과 빛을 낼 수 없기에 어떻게 해서든 누군가가 빛을 비춰주고 따뜻하게 해주길 바랄 수밖에 없다. 이것이 인연에 매달리거나 무리 짓고 싶어 하는 심리를 만들어낸다. 그래서 '자신이 자신답게 존재한다'는 자유를 포기하고서라도 무언가에 복종하고 마는 것이다. 사랑의 자가발전이 이루어지지 않을 때 사람은 이렇듯 의존적 상태에 빠지기 쉽다.

가령 운 좋게 어딘가에서 빛이 비쳐 따뜻해졌다면, 그 관계는 어디까지나 종속적이며 상대의 지배를 감수해야만 한다. 게다가 '이 은혜를 더 이상 받지 못하게 되면 어쩌나' 하는 불안이 항상 따라다니기 때문에 온전히 마음을 놓을 수 없다.

사랑과 욕망의
경계선에서

사랑은 인간의 자발성을 이끌어 내고 적극적인 자유를 실현할 수 있는 열쇠를 쥐고 있다. 하지만 '사랑'만큼 잘못 인식되는 것 또한 없다.

사랑은 자주 욕망과 혼동되거나 욕망을 위장하는 대의명분으로써 이용된다. '너를 위해서야'라는 말로 부모의 허영심이나 타산을 위장하고 자녀를 강압하는 경우가 대표적인 예다.

'세상을 위해, 인류를 위해'라는 동기로 이루어지는 자원봉사 활동이나 종교적 활동, 또는 의료와 복지, 교육 등에도 이러한 위험이 잠재해 있다.

즉, 인류에 도움을 주는 이 활동이 자신의 존재 가치를 확인하거나 사는 보람을 느끼고 싶다는 동기에서 행해진다면 이 역시 욕망이 위장된 것이다. 일반적으로 '선행'처럼 보이는 행동이 자기 인생의 보람이나 존재의 증명을 위해 타인을 필요로 한 것이라면 그 행동이 아무리 사랑인 듯 보일지라도 내면의 진실은 욕망이므로 위선이라고 밖에 말할 수 없다.

그래서 이 사랑이라는 개념에 관해 '욕망'과 명확히 구별하기 위한 정의 부여를 확실히 해두어야 한다.

> 사랑은 상대가 상대답게 행복해지는 것을 기뻐하는 마음이다.
> 욕망은 상대가 내가 생각한 대로 되기를 강요하는 마음이다.
>
> _《'평범한 것이 좋아'라는 병》 '普通がいい'という病, 이즈미야 간지

이처럼 사랑은 상대의 독립성과 존엄성을 침해하지 않는 것이며 마음에서 우러나온다. 하지만 욕망은 상대를 자신의 뜻대로 하고자 지배와 정복을 행하려고 하며, 조정을 지향하는 특성을 지닌 머리에서 생겨난다.

머리와 마음을 둘 다 가진 우리 인간은 결코 순수하게 사랑만 좇는 존재가 되기는 어려우며 자신도 모르게 욕망에 휘둘

리기도 한다. 하지만 그렇다고 해서 인간을 '욕망 덩어리'라고 여기는 일부 사상가의 견해에는 찬성할 수 없다.

사람들의 욕망이 여러 집단 안에서 어떻게 움직이는가를 연구하는 마케팅 이론에서는 그러한 견해가 반드시 필요한 경우도 있지만 그것은 어디까지나 경제현상을 생각하는 데 필요한 수단에 지나지 않는다. 욕망에 의해 마음이 움직이는 수준 낮은 일면만으로 인간을 파악한다면, 우리는 냉정한 비관주의이나 잘못된 허무주의에밖에 이르지 못한다. 그렇다면 사랑의 잠재력을 내포한 인간의 존엄이라는 가치를 너무 가볍게 보는 것이 아닐까.

주변에서 자주 볼 수 있는 개인주의에 대한 오해와 거부 반응도 인간을 욕망만 가진 존재로 잘못 인식하는 데서 비롯되었다. 참으로 안타까운 일이다. 공연히 개인주의를 밀어붙이다가는 이 사회가 인간의 '욕망', 즉 이기주의가 판치는 무질서한 상태에 빠지게 되지 않을까 하는 두려움이 아직도 많은 사람의 밑바탕에 도사리고 있다는 사실이 드러나는 것이다.

그렇다면 과연 인간이 욕망의 속박에서 벗어나 사랑을 향해 성숙해지기 위해서는 어떻게 해야 하는가.

우선 머리에서 불가피하게 생겨나는 욕망을 직시하고 자각하는 것이 중요하다. 그다음으로는 '나만 좋으면 그만'이라는 이 작은 욕망을 멀리해나가야 한다. 이것이 바로 우리같이 서툰 인간이 거짓 없는 사랑으로 가는 방법이다.

불교사상가 구카이空海(일본 헤이안 시대에 진언종眞言宗을 창시한 승려—옮긴이)는 이를 "작은 욕심을 큰 욕심으로 키워라."라는 말로 표현했다. 게다가 그는 사람들이 욕망을 없앤다는 말을 많이들 하지만 실제로는 실현할 수 없는 일종의 자기기만에 지나지 않는다는 사실을 꿰뚫어보고 있었다. 그리고 그것을 '차정'遮情(중생의 그릇된 생각과 견해를 부정하여 제거함—옮긴이)이라는 말로 경고했다. 그는 차정에 의해서 실현되는 것은 기껏해야 갖가지 욕망을 억압하느라 르상티망으로 가득 찬 창백한 위선자일 뿐이라는 사실을 잘 알고 있었던 것이다.

이 르상티망은 항상 활기차게 자유를 누리는 사람들을 향하고 있으며 그들을 끌어내리려고 한다. 르상티망을 품고 있는 사람은 자신만 괴롭다는 사실을 도저히 용납할 수 없기 때문이다.

하지만 그렇다고 해서 악동처럼 노골적으로 "네가 즐거워하는 게 마음에 들지 않아." 하고 말할 수는 없는 노릇이라 어떻게든 정당한 이유를 대어 자유로운 인간을 끌어내리려고 한다. 그럴 때 반드시 들먹이는 것이 소위 '도덕'이다.

소설가 오스카 와일드Oscar Wilde는 이러한 사실을 날카롭게 간파하고 다음과 같이 말했다.

도덕은 우리가 개인적으로 싫어하는 사람에게 취하는
태도일 뿐이다.

방랑 시인 아르튀르 랭보Arthur Rimbaud는 한층 더 예리한 시
선으로 표현했다.

도덕 따위를 생각해내는 것은
뇌가 쇠약해진 탓이다.

인간만이
할 수 있는 일

헝그리 모티베이션 시대가 끝나 우리가 제로에서 플러스를 향하는 데는 사랑이 지탱해주는 자발성이 중요하다고 앞서 언급했다. 그러면 사랑이나 자발성은 우리를 어떻게 자극하여 움직이게 할까.

프롬은 자발성이 인간에게 어떻게 나타나는지에 관해 이렇게 서술했다.

우선 우리는 자유롭고 자발적이었던 사람들을 알고 있다. 그들의 사고나 감정, 행위는 그들 자신의 표현이지 자동인형의 표현이 아니다. 이들 대부분은 예술가로 알려져 있다. 사실 예술가는 자신을 자발적으로 표현할 수 있는 개인이라고 정의해도 좋다. (……)

어린아이들은 또 다른 자발성의 예를 보여준다. 그들은 스스로 느끼고 생각하는 능력을 갖고 있다. 이 자발성은 그들이 말하고 생각하는 동안에, 또는 그들의 얼굴로 표현되는 감정 속에서 찾아볼 수 있다. 대부분의 사람을 사로잡는 아이의 매력이 무엇인지 묻는다면 감상적이고 상투적인 이유는 차치하고, 나는 틀림없이 자발성이라고 생각한다. 이것은 자발성을 감지하는 능력을 잃은 정도로 둔하지 않은 사람들에게 간절히 호소한다. 실제로 아이든 예술가든, 혹은 이렇게 연령이나 직업으로 분류할 수 없는 어떤 이들이든 간에 그들의 자발성만큼 매혹적이고 설득력 있는 것은 없다.

_《자유로부터의 도피》, 에리히 프롬

프롬은 사람이 '자발성'을 발현하는 모습은 예술가와 같으며, 동시에 아이와 같은 상태라고 강조한다. 이는 제3장에서도 소개했듯이 니체가 《차라투스트라는 이렇게 말했다》에서 인간의 가장 성숙한 모습을 '아이'로 표현한 것과 멋지게 들어맞는다.

아이는 순수이며 망각이다. 새로운 시작, 놀이, 스스로 돌아가는 수레바퀴, 최초의 운동, '그렇다'라는 성스러운 말이다.

그렇다. 나의 형제들이여. 창조라는 놀이를 위해서는 '그렇다'라는 성스러운 말이 필요하다. 그때 정신은 그 자신의 의욕을 절실히 원한다. 세상에서 떨어져 그 자신의 세계를 손에 넣는다.

_《차라투스트라는 이렇게 말했다》, 프리드리히 니체

여기서 말하는 '아이'는 물론 문자 그대로의 '아이'child가 아니다. 도덕과 규율의 화신인 '용'을 따르는 근면하고 온순한 '낙타'였던 미숙한 0인칭의 자신이, 1인칭적인 주체를 되찾아야 하는 '사자'가 되어 용을 쓰러뜨린다. 그리고 사자는 순진무구하고 창조적 유희를 행하는 초월적 0인칭인 '아이'로 변신한다. 따라서 이 아이는 낙타의 근면성과 인내력, 사자의 분노와 독립심까지 내포한, 그저 평범한 아이가 아닌 것이다.

한편 문자 그대로의 어린아이는 천진하고 순수하며 놀이에 빠져 있지만 안타깝게도 비리가 횡행하는 세속에 대한 저항력을 아직 갖추지 못했다. 또한 그런 세속에 대해 자신의 세계를 견고히 구축하는 데에 꼭 필요한 지속적인 인내력이나 강인함도 없다.

예술은 비리로 물든 세속에 단호하게 맞서고 거기서 잊힌 자연의 본성, 즉 '미'美를 강렬하게 표현한다. 그러므로 문자 그대로의 아이가 표현하는 것이 아무리 순수하고 창조성이 충만하다고 해도 그 자체는 예술이라고 부를 수 없다.

미술가인 오카모토 다로岡本太郎도 그의 대표적 저서인《오늘의 예술》今日の芸術에서 이렇게 말했다.

> 여기서 한 가지 더 생각해야 할 점은 아이의 그림과 뛰어난 예술가의 작품의 근본적 차이다. 아이의 그림은 확실히 활기가 있으며 생기 넘치는 자유로움이 있다. 하지만 곰곰이 생각해보라. 이 매력은 우리의 모든 생활과 모든 존재를 뒤흔들어놓지는 않는다.
>
> 이유는 무엇일까. 아이의 자유는 싸움을 거쳐 고통과 상처를 경험한 결과로 획득한 자유가 아니기 때문이다. 그래서 당연히 자각하지 못하며, 심지어 허용된 자유, 허용되는 동안에만 누릴 수 있는 자유다. 따라서 힘이 없다. 흐뭇하고 즐겁기는 해도 내용이 없다. (……)
>
> 그런데 뛰어난 예술가의 작품 속에서 만날 수 있는 폭발하는 자유로움은 예술가가 심신의 모든 에너지를 다

해 사회와 대결하고 싸워서 획득한다. 점점 더 강하게 막아서는 장애물을 극복하여 획득한 자유다. 저항이 강하면 강할수록 열정적으로 도전하고 인내한다. 그러한 인간적인 과정이 무서울 정도의 감동이 되어 담겨 있는 것이다.

뛰어난 예술을 접할 때 느끼는 혼을 밑바닥부터 뒤덮는 듯한 강렬함과 근원적인 경이로움. 그 순간부터 세계를 완전히 바꿔버리는 압도적인 힘은 바로 여기서 나온다.

_《오늘의 예술》, 오카모토 다로

이처럼 진정한 예술가의 모습은 어린아이가 지닌 순수함과 창조성을 간직하면서 거기에 강인하고 성숙한 열정을 함께 갖춘, 예사롭지 않은 '아이'라고 부를 수 있는 존재다.

하지만 이는 예술가에게만 해당되는 얘기가 아니다. 지금까지 언급했듯이 사람은 결코 헝그리 모티베이션에 따라서만 살아가는 존재가 아니며, 인간이기에 가능한 삶을 살아간다는 것은 순순히 '낙타'로 살아가는 데 머무는 존재 또한 아니라는 의미다. 오히려 가장 인간다운 모습은 자유를 속박하는 다양한 장애물과 맞서 싸우는 '사자'를 거쳐 창조적 유희를 즐기는 '아이'에까지 이르는 데 있다. 그리고 그 상태에서 사람은 필연적으로 예술적인 존재가 되는 것이다.

와일드는 이것을 유미주의자唯美主義者다운 말로 다음과 같이 설명한다.

> 사람은 자신이 예술 작품이 되거나 혹은 예술 작품을 몸에 걸치든가 해야 한다.

인간답게
산다는 것

:
:
:
:
:
:

　　이렇듯 사람이 정말로 성숙해간
다는 것은 곧 예술적인 존재를 향해 성숙해가는 일이며 이것
이야말로 다른 동물에게는 없는, 인간만이 지니는 풍요로움
이다.

　　따라서 예술은 많은 사람이 오해하듯이 있어도 그만, 없어
도 그만인 상품이 아니다. 인간의 영혼에 없어서는 안 되는
존재다. 이른바 타인에게 과시하기 위한 교양도 아니며, 공허
한 생활을 메우기 위해 꾸미는 장식품도 아니다. 즉, 예술은
인간답게 살기 위해서 '반드시 있어야 하는 것'이며 결코 '남
아돌아' 몸에 걸치는 사치품도 아니다.

진짜 예술가는 예술의 조건 아래에서 인생을 우리에게 보여주는 것이지, 인생의 형식 속에서 예술을 보여주는 것이 아니다.

"인생의 형식 속에서 예술을 보여주는 것이 아니다."라는 와일드의 이 말은, 꽤 어려운 표현이기는 하지만 무척 중요한 사실을 암시한다.

즉, 예술은 무난한 인생에 색을 입히는 '배움'이나 '취미'가 아닐뿐더러 단순히 생업으로 삼기 위한 기술 또한 아니다. 그저 사회에 적응할 뿐인 인생에 만족하지 않고 인간의 깊은 내면을 마주하고 그곳에서 북받쳐 솟아나는 '진실'을 표현하는 일이 바로 예술이다. 와일드는 예술을 장식품처럼 몸에 걸치는 속물들을 향해 통렬한 경구를 날리고 싶었던 것이다.

《헝클어진 머리칼》로 유명한 시인 요사노 아키코与謝野晶子도 이러한 문장을 남겼다.

예술이 없는 곳에 결코 진실의 꽃은 피지 않는다. 진실하게 살아가고자 하는 자각이 깊으면, 사람은 반드시 예술에까지 다다른다. 그곳에만 진실을 보는 창이 열려 있다. 그렇게 진실은 사랑의 가장 위대한 형태라는 것을 알 수 있다.

_《사랑 또는 이성과 용기》愛、理性及び勇気, 요사노 아키코

지금까지 인간이 인간답게 살아간다는 것은 인생이나 세상을 향해 '의미'를 추구하는 방향을 드러내는 일이라고 강조해왔다. 이 방향성은 '마음'이 일으키는 '사랑'의 작용이라고 말할 수 있다.

다시 말해, 사랑은 단순히 다른 사람에게 향하는 감정만을 가리키는 것이 아니라 세상의 다양한 사물과 인생 그 자체로도 향하며 대상에 잠재한 본질을 상세히 알고 깊이 맛보는 일이다. 이렇게 호기심으로 가득 찬 천진난만한 아이와 같은 성질 또한 사랑의 중요한 측면이다.

사랑이 작용할 때, 우리는 대상을 깊이 살펴보고 귀를 기울여 그 속에 숨은 본질을 느끼고자 한다. 그럼으로써 사물에 숨겨진 진실이 살펴보는 자와 귀를 기울이는 자에게 살포시 드러난다. 그때 우리는 마치 대상과 일체가 된 듯한 행복을 느끼게 된다. 사랑의 기쁨은 그러한 경험이다.

인간의 머리는 원래 혼연일체가 된 자신과 타인을 '관찰하는 자'와 '관찰되는 자'로 나누는 기능을 갖고 있다. 그렇게 본래 일원적인 세계를 자신과 타인으로 구분하여 이원론적 세

계로 바꾸는 것이다.

물론 이 머리의 기능 덕분에 우리는 대상을 인식하고 사고할 수 있게 되었고 그것을 의지대로 조작하는 일까지 가능해졌다. 하지만 이로 인해 세상과의 일체감을 잃고 말았다. 자신에게서 세상을 떼어냈다고 생각했지만 오히려 세상이 우리를 떼어낸 것이다. 일본어 단어 '自分'에는 '스스로自 전체에서 갈라져 나온 부분分'이라는 뜻이 들어 있다. 인간이 그러한 비극적인 숙명을 짊어지고 있다는 것을 넌지시 알려주는 말이다.

하지만 이처럼 세상에서 내쳐진 우리가 다시 한 번 세계와 한 몸이라는 것을 상기할 수 있는 경험, 일원적인 세계로 되돌아올 수 있는 경험, 그것을 사랑의 경험이라고 부른다.

마음이 머리의 분별을 떠나 사랑을 지니고 사물을 마주할 때, 우리는 반드시 대상에서 '미'美를 발견하고 또한 그곳에 '진리'가 있다는 사실을 직관한다. 살아가는 일에 의미를 느끼는 순간은 이처럼 사랑의 경험에 의해서도 빚어진다.

아름다움 너머에
진리가 있다

．
．
．
．
．
．
．
．
．
．
．

　　　　　　　사람이 무언가에 '아름다움'을 느
낀다는 것은 어떤 것일까.

　루마니아 출신의 지휘자 세르주 첼리비다케_{Sergiu Celibidache}
는 상업화되어가는 음악계의 풍조에 휘둘리지 않고 타협 없는
음악을 창조하는 데 몰두하기로 정평이 나 있던 희대의 예술
가였다. 다큐멘터리 《YOU DON'T DO ANYTHING-YOU
LET IT EVOLVE》는 첼리비다케의 활동을 기록했는데, 이 영
상에서 그는 다음과 같이 말한다.

　'예술은 아름답다'는 생각은 아주 오래전에 버렸습니

다. 아름다움 없이는 아무도 예술을 추구하지 않겠지요. 하지만 아름다움이 최종 목표는 아닙니다.

아름다움은 단지 '미끼'일 뿐입니다. 물론 아름다움 없이는 그 배후에 있는 것에 도달할 수 없을 거예요. 실러가 말했듯이 아름다움에 도달한 사람은 모두 그 배후에 진리가 숨어 있다는 걸 알아차리겠지요.

진리는 무엇일까요? 그것은 사고를 통해 얻을 수 있지만 그 이상은 정의할 수 없습니다. 진리는 경험하는 것이니까요.

그는 '미'라는 것이 미끼가 되어 사람을 끌어당기고 그 끝 깊숙이에 있는 진리를 경험하게 해준다고 피력했다. 이때 그가 말하는 미끼는 부정적인 의미가 아니라 소중한 진리로 이끌어주는 길잡이라는 뉘앙스다. 즉, 미 자체가 궁극의 목적이 아니며 어디까지나 그 너머에 있는 진리에 다다르는 것이 중요하다. 첼리비다케는 이러한 말을 전하고 싶었던 것이다.

그러면 미의 너머에 있는 진리는 대체 무엇일까.

그는 일찍이 어떤 청중에게서 "바로 이거야!"Es ist so!라는 말을 들었는데, 지금까지 들은 소감 중에서 가장 기뻤다고 밝힌 바 있다. 여기에 '진리'가 무엇인지를 알 수 있는 중요한 실마리가 있다.

이 청중은 그때 처음으로 첼리비다케의 연주를 들었을 텐데도 왠지 예전부터 알고 있었던 듯한 신비로운 감동을 느꼈다. 기시감既視感이라는 말을 조금 바꿔서 기청감既聽感이라고 표현할 수 있을 것이다.

다시 말해, '바로 이거야'라는 말은 '이 곡은 이렇게 연주해야 한다'는 그 음악의 본질이 멋지게 표현되었다는 소감이다. 그리고 첼리비다케 자신도 그러한 표현을 목표로 연주했다. 그렇기에 청중이 한 말의 의미를 이해하고 최고의 찬사로 받아들였던 것이다.

앞서도 말했지만, 니체는 인간의 가장 성숙한 모습을 '아이'라는 상징으로 인식했으며 그 키워드는 '그렇다'라는 단어였다. 이 '그렇다'는 분명 '바로 이거다'라는 의미다. 덧붙여 말하자면 아이가 말하는 '그렇다'라는 말은, 독일어로는 'Ja'이며 영어로는 'Yes'다. 'Yes'는 'That's it!'이라는 뉘앙스로 쓰이는데 독일어에서도 마찬가지로 'Ja'는 'Es ist so!'와 같은 의미가 있다.

하지만 아쉽게도 세상의 모든 예술가가 이 같은 표현행위의 본질을 이해하고 있지는 않다. 주체가 충분히 성장하지 못하고 그저 배운 것을 능숙하게 행할 뿐인 '표현 이전' 단계의 예술이나 표현행위를 '자기표현'이라고 착각하는 사람들도 많다.

> 불도를 닦는다는 것은 자신을 닦는 것이다. 자신을 닦
> 는 것은 자신을 잊는 것이다.
> 자신을 잊는다는 것은 만법萬法을 깨닫는 것이다. 자신
> 의 심신과 다른 사람의 심신을 탈락시키는 것이다. 깨
> 달음의 흔적에도 머물지 않고 머물지 않는 깨달음의
> 흔적을 오래도록 남기는 것이다.
>
> _《쇼보겐조》正法眼蔵, 도겐道元

이는 조동종曹洞宗의 시조가 된 도겐 선사가 남긴 유명한 말
로 다음과 같이 풀이할 수 있다.

> 불도의 수행은 자신을 아는 일이다. 자신을 안다는 것
> 은 자신을 잊는 일이다. 자신을 잊는다는 것은 만물의
> 법칙에 따르는 일이다. 만물의 법칙에 따르는 일은 자
> 기의식이나 자타의 구별을 버리는 일이다. 그래서 깨
> 달음을 얻은 흔적을 어디에도 남기지 않고 그러한 모
> 습을 영속적으로 계속하는 일이다.

자기표현은 어디까지나 자신에게 의식이 머물러 있는 단계이므로 보편적인 진실에는 이르지 못한다. 즉, 겉모습이야 어떻든 그 내실을 들여다보면 타인의 평가를 얻는 일이 목적인 보잘것없는 자아의 시위행위에 지나지 않으며 신경증적인 단계에 머물러 있다는 뜻이다.

하지만 세상에는 그러한 수준의 예술이 넘쳐날 뿐만 아니라 오히려 더 유명한 경우도 많으니 어찌된 일인가.

예술의 숙명은 받아들이는 청중이나 관중도 어느 정도 성숙해야 한다. 가령 음식이나 술이 아무리 고급이고 깊은 맛이 나더라도 맛보는 사람의 미각이 성숙하지 못하면 맛과 향이 자극적이거나 친근한 음식과 술이 오히려 '맛있다'는 평을 받기도 한다. 예술도 마찬가지다.

자신의 내면에 진정한 심미안이 자라나 있지 않으면 세상의 평가나 광고에 휘둘려서 '머리'의 판단이 흐려져 '잘 모르지만 유명하니까 분명 훌륭할 거야' 하고 박수갈채를 보낼지도 모른다. 또한 예술에서 단순히 오락이나 위안을 찾으려는 사람들은 알랑거리는 말재간이나 보기 좋은 겉모습 같은 부차적인 요소에 현혹될지도 모른다.

또한 감동과 감탄을 구별하지 못하고 '대단한 기술이야!'라든가 '불리한 조건인데, 아직 어린데도 아주 훌륭하군!' 하면서 표현 그 자체가 아닌 요소에 이끌려 감동받았다고 착각하는 수동적인 사람도 의외로 많다.

즉, 내면에 성숙한 정신이 갖춰져 있지 않으면 사람은 진짜와 가짜를 구분하지 못하며 하물며 그 너머의 진실에 눈을 뜨기도 어려울 것이다.

참을 수 없는
삶의 가벼움

"내가 만든 곡에 박수 치는 녀석들을 기총소사機銃掃射로
한 사람도 남김없이 죽이고 싶다."라고 작곡가는 술에
취해 말한다.

그의 감미로운 선율의 여운 속에서 숨을 거두는
행복한 청중은
결코 그를 이해하지 못할 것이다

그러나 나는 안다
자신이 탄생시킨 창조물의 무의미를 견디기 위해서

폭력의 환상에 의지하려는 그의 마음을

우리가 창조와 파괴를 구별하지 못하는 시대를 살아가
고 있다는 사실을

8월 14일
　　　_《세상 물정 모르는 사람》世間知ラズ, 다니카와 슌타로谷川俊太郎

　시인인 다니카와 슌타로는 친구인 작곡가 다케미쓰 도루武
満徹가 술에 취해 무심코 내뱉은 청중에 대한 조바심을 이렇게
시로 남겼다.
　다소 과격하게 들리는 다케미쓰의 발언에서 정중한 연주회
에서는 결코 보이지 않는 어떤 중요한 진실, 다시 말해 창조
하고 표현하는 자와 청중 사이에 가로놓인 결정적인 의식의
차이가 보인다.
　자신의 작품을 교양이나 장식품으로 인식하고 겉으로 드러
난 아름다운 울림만 살짝 맛보고는 고상한 미소로 박수 치는
속물 같은 청중의 가벼움, 그는 그 가벼움이 도저히 견디기
힘들었을 것이다. 장르는 달라도 분명 다니카와 또한 비슷한
생각을 품어온 것이 틀림없다. 그렇기에 이 일화를 시로 표현

한 것이리라.

가벼움으로 말하자면 밀란 쿤데라Milan Kundera의 소설《참을 수 없는 존재의 가벼움》을 토대로 필립 카우프만Philip Kaufman이 감독한 영화 〈프라하의 봄〉을 떠올릴 수 있다. 이 작품의 클라이맥스에는 주인공 토마스에게 아내인 테레사가 이혼 서류를 내밀고 망명지에서 혼자 고국으로 돌아오는 장면이 있다. 이때 테레사는 이렇게 말한다.

"내게는 인생이 너무나 무거운데 당신에게는 아주 가볍군요. 난 그 가벼움을 견딜 수가 없어요."

이 대사에도 단적으로 드러나듯이 가벼움이라는 것은 그렇지 않은 사람에게는 참으로 견디기 어려운 것이다.

살아가는 일의 '의미'를 진지하게 묻는 사람에게는 "밥을 먹어야 뭘 해도 하지."라든가 "어쨌든 일해라."라는 말의 가벼움을 참기 힘들다. 이와 마찬가지로 예술에서 진리와 진실을 추구하는 사람은 안이한 오락성과 역겨운 속물 근성 그리고 교활한 상업주의에 빌붙는 '예술 아닌 예술'의 가벼움이 견딜 수 없는 것이다.

프랑스의 상징주의 화가인 오딜롱 르동Odilon Redon은 다음과 같은 말을 남겼다.

나는 내 나름대로 하나의 예술을 만들었다. 그것은 눈에 보이는 세상의 신기할 정도로 아름다운 것 위에 눈을 뜨고 오로지 자연의 법칙, 삶의 법칙에 따라 만든 것이다. 사람들은 그렇지 않다는 듯이 말하지만……. 또한 '미'美라는 신앙을 나에게 준 거장들에 대한 애정이 그것을 가능케 했다. 예술은 구원을 불러오고 사람들에게 최고의 영향을 미치는 신성한 일이다. 꽃을 피우는 일이다. 예술 애호가에게는 예술이 단지 매력 있을 뿐이지만, 예술가에게는 고통을 수반하는 일이며 새로 뿌리는 씨앗이다. 나는 숨겨진 법칙을 순순히 따르고 좋든 나쁘든 내가 할 수 있는 일을 내 꿈을 좇아 나의 모든 것을 쏟아부어 만들었다. 나의 예술이 다른 사람들의 예술과 다르다 할지라도(그런 일은 없을 테지만), 그것을 받아들이는 사람이 생겼으며 세월과 함께 줄어들지 않았다는 것, 더욱이 그것이 소중한 우정과 은혜로까지 이어졌으니 크게 보답받았음을 느낀다.

_《르동 나 자신에게》A soi-meme, 오딜롱 르동

즉, 예술가로 살아가는 것은 예술 애호가처럼 겉으로 드러나는 편안함이나 아름다움만을 추구하는 일이 아니다. 설령

고통을 동반한다 해도 숨겨진 법칙, 즉 자연의 법칙 또는 삶의 법칙에 따르는 일이라고 르동은 강조한다.

르동이 말하는 숨겨진 법칙이야말로 분명 미에 이끌려 예술가가 좇는 진리와 진실 바로 그 자체인 것이다.

이 진리의 일면이 표현되어 있는 예술을 만날 때 우리 내면에는 '바로 이거야!'라고 할 수 있는 강한 공명과 공감이 살아난다. 이것이야말로 우리가 예술을 접하면서 최고의 영향을 얻는 일, 즉 감동이라고 불리는 경험의 정체이며 인간에게 꼭 필요한 요소로서의 예술의 의미다.

진리를 추구하는 학문의 하나인 수학 분야에서 세계적인 업적을 남긴 오카 기요시岡潔는 '수학은 정서다'라고 주장하고 수학과 예술은 공통점이 있다고 밝혔다. 그리고 다음과 같이 '진선미'眞善美, 즉 진리에 관해서도 언급했다.

이상理想 또는 그 내용을 이루는 진선미는 내게는 이성의 세계가 아니라 단지 실재감으로서 이 세계와 교섭을 이어나가는 것처럼 생각된다. 아쿠타가와 류노스케芥川龍之介는 이것을 '유구한 것의 그림자'라는 말로 표현했다. (……)

이상은 무섭게 끌어당기는 힘을 갖고 있어, 본 적이 없는데도 마치 알고 있는 듯한 기분이 든다. 이는 한 번도 만나본 적 없는 어머니를 찾아다니는 아이가 다른 사람을 금세 자신의 어머니가 아니라고 알아차리는 것과도 비슷하다. 그러므로 '어딘가 낯익고 정겨운 느낌'의 정조가 바탕이라고 할 수 있다. 아니라고 바로 알아차리는 것은 이상의 눈으로 보기 때문에 잘 보이는 것이다. 그래서 높은 이상이 높은 기품이 된다.

_《춘야십화》春宵十話, 오카 기요시

여기서 '유구한 것'은 만물의 법칙, 즉 '만법'을 가리키기도 한다. 다시 말하자면 '유구한 것의 그림자'로서 미나 진리를 인식하는 일은 도겐 선사가 '만법을 깨닫는 일'이라고 말한 것과 같은 맥락이다.

또한 그러한 의미에서 미와 진실을 접했을 때 내면에서 솟아오르는 '어딘가 낯익고 정겨운 느낌', 그 정조가 깊은 감동을 불러일으키는 것이다. 그래서 그 순간 'Es ist so!'나 '그렇다!'라는 감탄이 튀어나온다. 진정한 예술을 접함으로써 느끼는 환희는 우리의 혼이 이미 알고 있던 '유구한 것'과 재회한 기쁨이며 고독하게 살아내야만 하는 숙명을 짊어진 생명체끼리 주고받는 혼의 대화에서 얻는 기쁨이다.

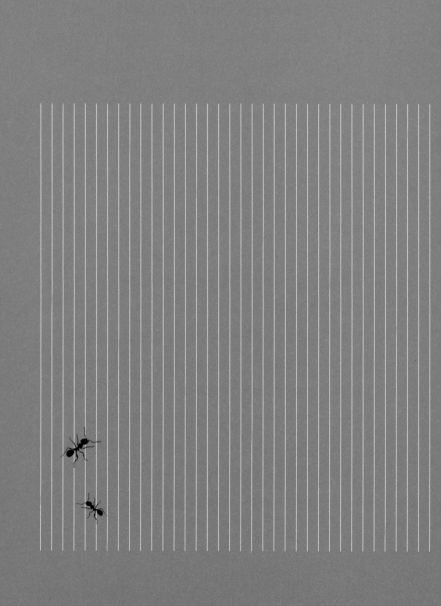

제5장

나다운 일상을
되찾기 위해

예술가는 인생에 관한 사고를 세상 사람들에게 가르친다. 돈
이 가장 중요하다고 믿는 사람은 자신을 속이는 것이다. 예술
가는 어린아이가 놀이에 푹 빠져서 놀듯이 인생도 열중해서
놀아야 한다고 가르친다.
　__《예술의 정신》 중에서

일상에서
발견한 놀이

'살아가는 의미'는 무언가를 얻거나 성취해서가 아니라 인생에 의미를 묻는 방향으로 나아감으로써 느낀다고 제3장에서 언급했다. 그렇다면 이는 구체적으로 무엇을 뜻하는 것일까.

만일 그것이 무언가 특별한 일을 해야만 얻을 수 있는 감각이라면 우리가 보내는 대부분의 시간을 차지하는 '일상'은 살아가는 의미를 느낄 수 없는 살벌한 의미로 전락하고 만다. 그렇기에 우리는 이 평범한 일상 자체에 주목해야 한다. 즉, 별 것 없어 보이는 일상이야말로 살아가는 의미를 느끼는 데 중요한 열쇠를 쥐고 있다.

일상을 죽은 시간으로 채운다면 그 지루하고 고통스러운 시간을 참고 견디기 위해서 감성을 경직시키게 되고, 간혹 멋진 비일상적 체험을 하게 되더라도 충분한 기쁨을 느낄 수조차 없게 된다.

하지만 애초에 이런 식으로 일상과 비일상을 구분하는 자체가 문제인지도 모른다. 무의식적으로 일상이라는 말에 '똑같이 반복되는 하찮은 시간'이라는 느낌을 담아버리는 경향이 있기 때문이다.

그렇다면 우선 이 빛바랜 느낌을 뒤집어쓴 일상을 어떻게 비일상화해서 구별 없이 깊고 묘미 있는 시간으로 탈바꿈시킬 수 있을까. 결국 인생이라는 시간 내내 '놀 수' 있을까 하는 질문이 다가온다.

앞 장에서도 언급했지만 니체는 인간의 가장 성숙한 모습을 '아이'라는 상징으로 표현했다. 여기서 아이는 '창조라는 놀이'로 가득 찬 존재다. 창조야말로 최고의 놀이이며 '노는 것'은 곧 창조적이라는 의미다. 사물을 깊이 음미하기 위해서는 그 일이나 대상을 마주해 아이처럼 창조적으로 노는 것이 중요하다.

예술가는 인생에 관한 사고를 세상 사람들에게 가르친

다. 돈이 가장 중요하다고 믿는 사람은 자신을 속이는 것이다. 예술가는 어린아이가 놀이에 푹 빠져서 놀듯이 인생도 열중해서 놀아야 한다고 가르친다. 단, 그것은 성숙한 놀이다. 인간의 지적 능력을 충분히 발휘한 놀이다. 이것이 예술이며 혁신이다.

인생을 음미하는 것은 쉬운 일이 아니다. 돈을 벌어야 한다고 말하는 사람도 있지만, 무엇을 위해서 돈을 버는가? 사람은 무엇을 위해 살아가는가? 대부분의 사람이 오직 생계에 필요한 자원을 얻기 위해서만 살아간다. 달리 할 줄 아는 게 없어서인 것처럼. 목표 지점이 없는 경주에서 앞다퉈 달리는 자동차처럼 쓸 데가 없는데도 계속해서 모으기만 하는 돈, 목적 없이 추구하는 쾌락, 모두 인간의 내면과는 관계없는 표면적인 것뿐이다.

_《예술의 정신》, 로버트 헨리

미국의 화가이자 미술 교사인 로버트 헨리Robert Henri가 남긴 이 말은 후세의 많은 예술가가 살아가는 데 중요한 지침이 되었다. '인생도 열중해서 놀아야 한다', 게다가 '성숙한 놀이'여야 한다, 진정한 예술가는 이를 구현한다고 헨리는 강조한다. 여기에서 말하는 정신은 예술을 생업으로 하는 사람뿐만 아니라 모든 인간에게 꼭 필요한 가르침이다.

하지만 우리 주위에는 아직도 근면하고 금욕적인 자세를 미덕으로 삼는 자기학대적인 정신 풍토가 뿌리 깊게 남아 있다.

이 미덕은 헝그리 모티베이션 시절에 사람들이 살아남는 데 어느 정도의 역할을 했지만 안타깝게도 오늘날에는 오히려 우리의 삶을 피폐하게 만들고 살아가는 의미를 상실시키는 큰 원인이 되었다.

인생을 음미하는 일이 어딘가 패덕(도덕이나 의리 또는 올바른 도리에 어긋나는 행동 ― 옮긴이)인 듯 비쳐지고, 간신히 노동이라는 고역을 다한 후에 겨우 '포상'으로 조금 허락되는 사치쯤으로 인식되는 실정이 아직도 지속되고 있다. 가령 회사원이 업무를 끝마치고 나서도 혼자만 퇴근하기가 꺼려진다거나 유급휴가를 신청하는 것이 눈치 보이는 일 등은 틀림없이 이와 같은 사회 분위기가 빚어낸 전형적인 결과다.

이처럼 헝그리 모티베이션의 시절이 끝났는데도 아직까지 그때의 사고와 정신을 벗어던지지 못하는 것은 마치 한여름이 되었는데도 엄동설한에나 무척 요긴했던 두툼한 스웨터를 껴입고 땀을 뻘뻘 흘리는 것과 다름없다. 요즘 수많은 직장에서 몸이나 마음의 건강 상태가 좋지 않아 나가떨어지는 사람

이 끊이지 않는 것도 그들이 이렇게 계절에 걸맞지 않은 금욕
적 정신론으로 인해 열사병에 걸려 있기 때문이다.

밥을 먹는 것도
예술이 된다

말할 것도 없이 식사는 우리가 살아가는 데 중요한 근간을 이룬다. 하지만 만약 이 식사가 단순한 영양 공급에 머물고 거기에 아무런 감동도 없다면 인생은 정말 무미건조할 것이다.

실제로 바쁜 일상에 쫓겨 마치 자동차에 휘발유를 공급하듯 식사가 의무적이고 반복적인 과제로 전락한 경우를 꽤 많이 본다. 이는 단지 식사만의 문제가 아니다. 음식을 대하는 태도는 그 사람의 인생에 대한 태도를 반영한다. 만약 식사가 마지못해 치르는 의무처럼 이루어진다면 이는 곧 삶 자체가 어쩔 수 없이 살고 있는 의무로 전락했음을 시사한다.

또한 이와 별개로, 세간에 퍼져 떠도는 영양학적 지식에 농락당해 '이것은 건강에 좋다', '몸에 나쁘다'라고 구분지어 음식을 선택하거나 다양한 건강법과 건강식품을 신봉해서 무언가를 매일 계속해서 먹는 것도 문제가 있다. 이런 식으로 음식을 먹는 것은 '머리'로 먹는 것이나 다름없으며, 우리 안에서 저절로 우러나오는 '마음=몸'의 목소리인 식욕을 무시한 상당히 부자연스러운 상태에 빠진 것이다.

'어떤 성분이 건강에 좋다'라는 연구결과 그 자체는 맞는 말이지만 애초에 오랜 역사에서 인류가 자연계로부터 얻어온 모든 음식물은 어떤 의미로든 건강에 좋다. 오히려 몸에 좋다고 해서 어떤 성분만 다량으로 섭취하는 것은 부자연스러우며 되레 유해한 결과를 초래할 수도 있다.

인간의 '마음=몸'은 날 때부터 훌륭한 질서와 지혜를 겸비하고 있어 그때그때 필요한 영양을 '식욕'이라는 형태로 자신에게 알려줌으로써 음식물로 절묘하게 균형을 맞춰 섭취하도록 촉진한다.

이 자연스러운 섭리를 무시한 채 발전하는 과정일 뿐인 의학이나 영양학의 지식을 맹신하는 일은 무척 위험하다. 불완전하고 오류로 가득 찬 지식에 휘둘려 '마음=몸'을 지휘한다면 어떠한 형태로든 내부에서 반발을 일으키기 때문이다. 역설적이게도 건강법의 제창자가 의외로 일찍 세상을 떠난 사례를 종종 접하는 것은 아마도 이러한 이유에서가 아닐까.

이렇게 식사라는 것은 반드시 내면의 자연스러운 섭리에 따라야 가장 바람직하다. 또한 무엇을 먹을까 하는 궁리뿐만 아니라 무엇을 어떻게 만들지에 대해서도 생각해볼 필요가 있다.

요리연구가인 다쓰미 요시코辰巳芳子는 '요리는 재료의 본질과 마주하는 일이다'라는 기본적인 사고를 기회가 날 때마다 강조한다. 그녀는 자칫하면 성가신 의무로 인식하기 쉬운 일상의 요리라는 행위에 깊은 의미가 있다고 서술했다.

> 왜 요리를 하면 자신의 존재를 깊이 파고들게 될까.
> 음식을 제대로 만들려면 우선 재료의 본질과 마주해야 하기 때문이다. 그다음으로는 재료와 재료 간의 법칙을 발견하고 그 법칙과 잘 어우러져 따라가야 한다. 요리에는 법칙이 있다. 따라서 요리 과정에서 결국 법칙을 풀어가게 되고 답은 바로 '맛'으로 돌아온다.
> 손으로 자연을 다루며 재료의 본질과 마주하고 재료와 재료의 법칙을 따라간다. 그리고 법칙에 따르게 한다. 이렇게 하면 여지없이 잡념이 사라져간다. 도겐 선사

가 절에서의 작무作務(선종禪宗에서 말하는 농작업, 청소 등의 작업 — 옮긴이) 중 요리를, 그리고 전좌典座(선종에서 침구와 식사 관련 일을 맡은 승려 — 옮긴이)가 하는 일을 중요하게 여긴 것은 이러한 연유에서일 것이다.

_《식사의 가치, 그 시작》食の位置づけ~そのはじまり, 다쓰미 요시코

음악에서 '미'가 미끼인 것처럼 식사에서는 맛과 모양새의 '아름다움'이 그 요리가 본질을 파악하고 있느냐 아니냐를 판단하는 중요한 기준이다.

일상의 수고와 시간을 최대한 줄이려 시중에서 산 음식으로 해결하는 세태에 대한 진정한 의미의 제동장치는 인간에게 식사란 무엇인가 하는 것부터 생각하는 일이다. 이는 그저 단순히 신체의 문제, 영양의 문제가 아니다. 식사가 무엇인지를 생각하고 어떻게 먹을지에 대해 생각하는 일은 인간으로서 혼을 어떻게 키울 것인가 하는 과제와 밀접하게 연관되어 있다. 거기까지 생각해야 한다.

식사는 호흡과 마찬가지로 생명의 순환원리에 깊이 맞물려 있다. 이는 엄연한 사실이다. 그러므로 이 원리에

거스르거나 맞춰 나아가지 않으면 자연히 규칙에 어긋
나고 만다. 그 결과 어느 날 건강의 토대부터 무너지는
것이다.

_《미각순월》味覚旬月, 다쓰미 요시코

정신요법에 관련해 면담을 거듭하면, 환자의 고뇌와 증상
이 완화됨에 따라 생활의 다양한 면에서 합리성과 편리성 등
'양'에 치우쳐 있던 환자의 가치관에 변화가 일어난다. 그때까
지 사로잡혀 있던 양적인 가치관에서 벗어나 질의 중요성에
눈을 뜨는 것이다. 그래서 자신이 일을 소홀히 하거나 적당히
한 적이 많았다는 사실을 깨닫고 그러한 습관을 싹 없애고자
한다. 그리고 요리나 식사뿐만 아니라 일상에서 벌어지는 모
든 일을 정성스레 음미하게 된다.

실제로 그때까지 요리를 전혀 하지 않던 남성 환자도 '식
사'에 대한 감각이 예민하게 작용하면서 그저 소극적으로 먹
기만 해서는 만족스럽지 못해 나름의 방법으로 조금씩 요리
를 시도해보게 되는 경우가 많다.

무언가에 대해 깊은 관심을 갖게 되면 어린아이처럼 그 자
체의 특성과 이치를 명확히 알아내고 싶어져 결국은 직접 만
들고 싶어진다. 이것이야말로 바로 '아이'가 '열중해서 노는'

모습이며 삶을 '음미하는' 일이다.

요리라는 행위는 일상생활 속에 가장 가까이 있는 표현 행위
이며 무엇보다도 '맛볼 수 있는' 직접적이고 즐거운 예술이다.

놀이를
창조해내는 지성

:
:
:
:
:
:
:
:
:

맛보는 일은 내면에 자연스럽게 자리한 '마음=몸'이 담당한다. 반면에 그 작업을 방해하는 것은 바로 머리다.

머리는 컴퓨터처럼 계산하거나 정보를 처리하는 장소로 자연 원리와 전혀 다른 기능을 한다. 따라서 이 부분이 우세하면 내면에 있는 '마음=몸'이 억눌린다. 이렇듯 인간은 다른 동물과 달리 머리라는 비자연을 함께 갖고 있다는 점에서 매우 특수하다.

하지만 우리는 이 비자연인 머리가 있기에 인간이며, 또한 그러한 존재이기 때문에 사물을 단지 맛보기만 해서는 만족하지 못하고 의미를 추구하는 것이다. 다시 말해, 맛볼 때까지는 '마음=몸'이 활동하지만 의미를 느끼게 되면 머리와의 협동이 필요해진다.

머리는 '마음=몸'이 감지한 감각을 있는 그대로 받아들이고 그것을 기반으로 다양한 호기심을 발동시킨다. 또한 추상화하고 개념화하여 거기서부터 보편적인 진리를 추출하기도 한다. 이것이 의미가 도출되는 과정이다.

머리는 자칫하면 '마음=몸'을 억눌러 지배적으로 행동하기 쉬운 반면에 이렇게 효과적으로 사용하면 비로소 행복의 기쁨이 찾아온다. 고대 그리스인이 관조생활을 가장 인간다운 삶이라고 여긴 까닭이 바로 여기에 있다.

이렇게 '마음=몸'이 머리와 대립하지 않고 상호 보완하여 기뻐하는 상태, 이것을 '놀이'라고 부른다.

뮤즈의 다른 모습이 모두 그렇듯이, 자신의 내면에 있는 아이는 그 사람 속에 들어 있는 지성의 목소리다. 이 지성의 첫 언어가 '놀이'다. 이러한 시점에서 정신과 의사인 도널드 위니컷Donald Winnicott은 심리 치유의 목적을 '환자를 놀지 못하는 상태에서 놀 수 있는 상태로 바꿔주는 것이다. 개개인이 창조력을 발휘하여 개성을 모두 활용할 수 있는 것이 바로 노는 일이며 그것이 유일한 방법이다. 그리고 개인이 자신을 발견하는 것은 창조적일 때뿐이다'라고 명확히 밝혔다.

_《놀이, 마르지 않는 창조의 샘》,
스티븐 나흐마노비치Stephen Nachmanovitch

우리를 놀이에서
멀어지게 하는 것

．
．
．
．
．
．
．
．
．
．

누구나 어린 시절에는 자연히 놀
이에 몰두했을 텐데 어른이 되면 왜 그렇게 놀이와 멀어질까.
아마도 현대에 만연한 가치관이 깊이 관련되어 있을 것이다.

우선 사물의 질을 양으로 되돌리는 화폐경제라는 시스템이
세계를 움직이는 지배적인 가치관이 되었다는 사실을 원인으
로 꼽을 수 있다.

돈이라는 도구는 애당초 물물교환의 불편을 해소하기 위한
용도로 등장해 모든 물품을 양으로 환원해서 교환, 즉 거래할
수 있게 했다. 질이 다른 다양한 물품을 모두 양으로 바꾸는
일은 본디 잠정적이고 편의적인 일이라 당연히 무리일 수밖

에 없다.

옛날에는 사람들이 그러한 사정을 잘 알고 있었던 때문인지 그저 돈에만 집착하는 행동을 '천박한 일'로 여기고, 그런 사람에게 '구두쇠'라는 경멸이 담긴 별명을 붙였을 정도로 일종의 미학이나 자부심이 힘을 갖고 있었다. 그래서 경제원리는 오늘날만큼 절대적인 지위를 차지하지 못했다.

하지만 어느 사이엔가 경제원리가 세상을 움직이는 중심적인 힘을 갖게 되었고 사람들은 질의 중요성을 희생하면서까지 경제가치를 추구하게 되었다. 그 결과 다양한 사물에 대해서도 과정보다 결과를 중시하는 사고가 세상에 만연하게 되었다. 게다가 이러한 양에 치우친 가치관은 사물의 효율을 최대한으로 추구하게 되어 사물을 대할 때 논리적인 전략을 세우는 양상을 만들어냈다. 명확한 목표를 설정하고 그 실현 가능성과 위험성은 어느 정도이며 승산은 얼마나 있는지 그리고 투입비용은 최소한 얼마까지 낮출 수 있는지 등 인간의 머리가 지닌 산술적인 시뮬레이션 기능을 과대평가한 사고방식이 아이의 공부부터 어른의 비즈니스까지, 마침내는 '라이프 플래닝'이라는 말까지 등장할 정도로 인생의 다양한 국면을 지배하게 되었다.

언뜻 합리적으로 보이는 이 방법론에는 치명적인 결함이

있다. 앞서도 말했지만 질을 양으로 환원할 수 없다는 기본적인 문제뿐만 아니라 머리가 행하는 시뮬레이션은 단순한 산술 수준에 머물기 때문에 인간이나 사회, 나아가 인생과 운명이라는 '복잡한 체계'를 결코 감당할 수 없다.

아무리 컴퓨터를 잘 다룬다 해도 주가나 환율의 변동을 예측하기는 쉽지 않다. 초고속 컴퓨터를 이용하는 일기예보조차 아직도 '비가 내릴 확률은 60퍼센트입니다' 하는 결론밖에 내놓지 못하는 것을 보면 산술적 사고에는 한계가 있는 것이 분명하다. 비는 결코 60퍼센트만 내리는 게 아니라 단지 비가 오거나 오지 않거나 둘 중 하나이기 때문이다.

참고로 말하자면 양자역학에서는 이미 20세기에 불확정성 원리가 대두되어 이른바 산술적인 세계관은 어느 한정된 범위에서만 성립한다는 사실이 알려져 있다. 과학의 근본에 자리 잡고 있는 산술적 사고는 그것을 추구한 결과 스스로 사고법의 한계를 인식하지 않을 수 없었던 것이다.

하지만 이러한 효율주의를 포함해 목적만을 지향하는 사고는 비즈니스뿐만 아니라 현대인의 사고 전반에 깊이 침투해 있어 우리는 어떤 사소한 선택을 할 때도 여러 가지 측면에서 생각해보는 습관이 생겼다. '어떤 도움이 될까?', '손해일까 이득일까?', '가성비는?', '기대하는 결과가 보장되는가?', '이익과 불이익은 어떤 점이 있을까?', '어떤 위험요소가 얼마의 확률로 내포되어 있는가?' 하고 따져보는 것이다. 그래서 '결국', '어차피', '귀찮다'는 말을 마구 하게 되고 '어차피 같은 결과가 나올 거라면 쓸데없이 헛수고 하지 않는 것이 현명하다'고 생각하게 되었다.

그런데 놀이라는 것은 처음부터 '쓸모없음' 위에 성립하기 마련이며 그 결과는 어디까지나 이차적인 데 지나지 않으므로 목적보다는 과정에 재미가 있다. 그러므로 오늘의 합목적적 사고에 치우친 심적 상태에는 '놀이'가 파고 들어갈 여지가 전혀 없다. 그래서 인생 자체도 다른 사람에게 자랑할 수 있는 '의의'를 훈장처럼 모으기만 할 뿐 정작 중요한 '의미'는 느낄 수 없는 공허함으로 가득 차는 것이 아닐까.

> 여러분, 한번 생각해보십시오. 우리 현대인이 이 세상에서 아름다운 마법의 벨을 얼마나 빼앗았는지, 수수께끼로 가득 찬 일이나 신비한 일 또는 기적을 얼마나 빼앗았는지, 또한 이 세상을 이지적인 설명으로 얼마나 헛되게 하였는지를. (……)
> 여러분, 이렇게 비참하고 하찮은 세계관을 부디 실제로 눈앞에 떠올려주십시오. 적어도 제게는, 이러한 세계상

을 진실의 총체라고 생각하는 사람이, 특히 젊은이들이 아주 사소한 인생의 문제로 자살하거나 또는 마약과 약물 남용으로 자신을 파멸시킨다 해도 이상한 일로 생각되지 않습니다. 이러한 세계에서는 이미 논리적, 종교적, 미적 가치를 도출해낼 수 없습니다. 모든 것은, 극히 부차적인 인생의 역할조차 이러한 견해 속에서는 무의미하며 어설픈 연극에 지나지 않습니다.

이러한 세계관을 대체할 다른 세계관을 세워야 합니다. 세상에는 세상의 신성한 비밀을, 인간에게는 인간의 존엄을 되찾아줄 세계관 말입니다. 이 과제에서는 예술가나 시인, 작가가 중요한 역할을 할 것입니다. 예술가와 시인, 작가의 일은 삶에 신비한 매력과 비밀을 부여하기 때문입니다.

_《엔데의 메모상자》, 미하엘 엔데

오늘 더 재미있게
사는 법

　　　　　　　지금까지 말해왔듯이 우리가 놀
이에서 멀어진 것은 머리의 작용 때문이다. 그렇다고 머리를
없앨 수는 없으며 여러 번 강조했듯이 우리는 머리가 있기에
인간이므로 어떻게 하면 서로 협력하며 잘 지낼 수 있을지 연
구해야 한다. 그러면 어떻게 해야 이 속박을 잘 피해갈 수 있
을지 생각해보자.

　우선 머리의 계획성과 합리성을 회피하려면 '즉흥'이라는
정반대의 개념을 적극적으로 이용하는 방법이 매우 유효하
다. 이 키워드를 머리에 두고 일상을 지내보면 별 것 아닌 일
이 정말 전율적으로 변해간다. 가령 휴일에 어딘가로 가고 싶

어졌다고 하자. 그런데 특별히 어디로 가야겠다는 생각이 떠오르지 않는다. 그럴 때에는 모든 것을 즉흥에 맡기고 행동해보자.

교차로에 다다르면 어느 쪽으로 갈지를 '마음=몸'에게 물어본다. 구체적으로는 어느 쪽으로 한 발짝 내딛을지, 자동차라면 손가락이 어느 쪽 방향지시등을 켤 것인지를 몸에 맡겨보는 것이다.

그리고 이렇게 해서 어떤 장소에 도착하면 다시 한 번 '자, 그럼 여기서 어떻게 즐겨볼까?' 하는 과제를 만나게 된다. 이런 식으로 외출을 즉흥적으로 즐겨보자. 미리 정보를 찾아보고 집을 나설 때와 달리 사고의 순발력이 상당히 필요하다는 사실을 실감할 것이다. 결국 이 시도는 어린 시절에 경험 혹은 몽상했던 '탐험 놀이'와 다름없다.

마찬가지로 마트에 식재료를 사러 갈 때도 즉흥적으로 해보면 요리가 무척 재미있어진다. 우선은 메뉴를 정하지 말고 상점 안을 쭉 둘러본다. 뭔가 시선을 잡아끄는 식재료가 있으면 그것을 집어 장바구니에 넣는다. 이렇게 해서 장바구니에 골라 넣은 식재료를 보고 '그럼, 이 재료로 무얼 만들까?' 하고 생각해 요리를 정한다.

요즘은 인터넷에서 간단하게 레시피를 검색할 수 있는 시대지만, 스마트폰 작동을 꾹 참고서 가능한 한 레시피를 보지 말고 식재료로 연상할 수 있는 요리를 시행착오를 겪어가면서 스스로 만들어보자. 냉장고에 남아 있는 재료를 이용하는 경우에도 즉흥으로 요리를 생각해내면 된다. 그럼 의무적으로 느끼기 쉬운 일상의 요리가 자신도 모르는 사이에 틀림없이 창조적인 놀이로 바뀔 것이다.

서점에 갈 때도 마찬가지다. 딱히 어떤 책을 사겠다고 미리 정하지 말고 어정버정 돌아 다녀보자. 여유가 있다면 평소에는 자신과 관계없다고 생각해 다가가지 않던 코너도 한번 둘러보자. 그리고 왠지 모르게 끌리는 책을 손에 집어들고 훌훌 책을 훑어보자. 그때 예상하지 못했던 책과의 만남이 기다리고 있을지도 모른다.

책을 샀다고 해서 당장 읽어야 한다고 초조해할 필요는 없다. 설사 책을 사서 바로 읽지 않고 쌓아둘지라도 전혀 조급해하지 말자. 우선은 자신의 책장에 그 책이 있다는 사실만으로도 충분히 의미가 있다. 5년 후든 10년 후든 언제가 될지 모르지만 어느 날 문득 그 책을 집어드는 순간이 찾아온다. 이 또한 그 책이 자신의 책장에 있기 때문에 가능한 일이다. 사람과 책을 잇는 인연은 그러한 여러 개의 우연이 맞물려 일어난다. 참으로 신기한 일이다.

이처럼 일부러 계획도 없고 목적도 없이 자신의 행동을 즉흥에 맡기면 판에 박힌 듯이 반복되던 일상이 소소하지만 설레는 발견과 창의적인 연구로 가득 찬 하루하루로 바뀐다. 이것을 나는 '우연히 깨닫는 기쁨'이라고 표현한다.

'즉흥성' 외에 또 하나의 중요한 방법으로 '번거로움'을 오히려 적극적으로 활용하는 사고방식이 있다.

머리에는 효율성 높은 결과를 얻으려고 하는 조급한 성격이 있다. 번거롭다고 하는 감각은 여기에서 생겨난다. 이 감각은 마음에서 온다고 착각하기 쉽지만 실제로는 머리에서 나온다.

그러므로 머리의 효율주의에서 비롯된 번거로움에 현혹되지 않기 위해 반대로 '노력과 시간이 드는 만큼 시간을 보내기에 좋다' 또는 '당장 얻을 수 없다는 점이 매력적이다'라고 생각해보는 것도 좋다. 예를 들어, 국물을 우려낼 때 평소와 다른 방법을 써보는 것이다. 평상시에 쓰는 간단한 재료나 다시팩을 사용하지 말고 잘고 얇게 썬 가다랑어포와 다시마를 사용해서 시간이 걸리더라도 정성껏 국물을 우려내보자. 그 맛과 향의 차이는 실로 엄청나서, 일류 음식점 못지않은 양질의 국물을 입에 넣었을 때의 감동은 우리를 무척 행복하게 해줄 것이다.

글을 쓸 때도 평소에는 키보드를 두드리겠지만 일부러 느긋하게 연필을 잡고 종이에 직접 써보는 것이다. 그때 글씨본을 보고 쓰지 않아도 되고 제목을 꼭 정하지 않아도 좋다. 무엇을 어떻게 써도 상관없으니 형식적인 것은 일절 생각하지 마라. 단지 자신의 이름을 천천히 써보기만 해도 의외로 쉽지 않다는 것을 알게 될 것이다.

평소에 아무 생각 없이 휘갈겨 쓰던 글씨도 차분한 마음으로 글자를 마주하고 여러 번 써보면 신기하게도 글자가 어떤 형태로 쓰이고 싶어 하는지를 조금씩 느낄 수 있다. 바쁜 일상에서는 단순한 기호로써만 문자를 이용할 뿐이므로 더더욱 이 '번거로운' 작업을 모처럼 실행해본다면 좋은 경험이 될 것이다.

어릴 때 동경하던 악기를 어른이 되어서 배우기 시작하는 것도 마찬가지로 번거롭지만 그만큼 무척이나 즐거운 일이 될 것이다.

맨 처음 악기를 구할 때는 어디서 어떤 식으로 고르면 좋을지조차 알지 못한다. 겨우 악기를 손에 넣게 되어도 어떻게 해야 음을 낼 수 있는지 모른다. 어쨌든 모르는 것투성이다. 하지만 역시 '당장 능숙해지지 않는다'는 점이 참으로 마음에 든다. 전문 연주자가 되려는 것이 아니니 정확하게 배워야 한다고 긴장할 필요도 없다. 이것저것 교본을 골라서 사도 좋고 인터넷 동영상을 보며 익혀도 좋다. 나름대로의 시행착오를 겪으며 조금씩 연주할 수 있게 되면 된다. 처음부터 인생에서 심심풀이 삼아 즐기는 놀이로 시작한 일이니까.

예전에 알고 지내던 한 프랑스인이 '새로운 악기를 만들었다'고 기뻐하면서 내게 보여준 적이 있다. 그렇다! 우리도 여름방학 때 자유연구 하듯이 놀이하는 기분으로 어떤 새로운 악기를 고안해도 되는 것이다. 자신이 만든 악기라면 자신이 유일한 연주자니 손쉽게 일인자가 될 수 있지 않은가. 그렇게 생각해보면 반드시 원래 있는 악기를 사고 기존의 방법으로 익혀야 한다고 고집할 필요도 없다.

우리는 어떤 일을 새롭게 시작할 때 당장 전문가처럼 숙달하려고 성급해하는 경향이 있다. 하지만 이 일을 굳이 하지 않는다 해서 아무런 죄가 되지 않으니 놀이로써는 즐기기만 하면 된다. 당연한 말이지만 어떤 분야든 처음 그 일을 시작한 사람은 교과서도 전혀 없고 지도자도 없는 상황에서 처음부터 하나하나 직접 경험하고 부딪히며 시행착오를 거듭했을 것이다.

효율적이고 신속하게 뚜렷한 결과를 원한다면 물론 숙련된 사람에게 배우는 것이 빠르겠지만 이는 분명 '머리'의 발상이다. 자격증을 딴다거나 전문가가 되려는 계획이 아니라면 제 멋대로 악기를 켜고 마음 내키는 대로 꽃을 꽂아놓는다 해도, 또는 자기 나름의 방식으로 글을 쓴다고 해도 아무런 상관이 없다. 스스로 시행착오를 겪고 하나하나 익히면서 느긋하게 앞으로 나아간다면 배워서 할 수 있게 될 때와 전혀 다른 흥미로운 경험이 될 것이다.

'창조적 놀이'는 이러한 식으로 자유롭게 형식을 깨부수는 일이다. 놀이는 아이 같은 호기심과 창의적인 연구에 의해 만들어지므로 기존의 제도 속에서 배운다면 효율적으로 능숙해지기는 하겠지만 실제로는 호기심 자체가 도리어 시들어버리는 일이 의외로 많다.

이제 무언가가 될 필요 없이 그저 무언가를 하면서 놀아도 좋지 않을까. 그것이야말로 놀이의 진수라고 할 수 있다. 일본에는 '끈기는 힘이다'라는 격언이 사랑받고 '작심삼일'을 수치스러운 일로 생각하는 금욕적인 가치관이 뿌리 깊이 자리 잡고 있다. 하지만 '일단 시작했으면 뭔가 될 때까지 끊임없이 정진해야 한다'는 사고방식 때문에 가벼운 느낌의 호기심이나 즐기는 마음이 위축될지도 모른다.

마음 가는 대로 기분 내키는 대로 가볍게 해보자. 내키지 않으면 안 하면 된다. 계속 이어가야 한다고 부담스럽게 생각하지 말고 그저 길고 긴 인생에서 여유로운 마음을 갖고 노는 시간을 즐기면 되는 것이다.

개미보다는
베짱이의 삶을

마지막으로 유명한 이솝우화 중 하나인 〈개미와 베짱이〉에 관해 생각해보고자 한다.

우리가 어릴 적에 읽은 〈개미와 베짱이〉는 원작에서 상당히 변형되어 전해졌다고 한다. 원래 그리스 원작은 '매미와 개미'였으나 북유럽에는 매미가 없기 때문에 어느 사이엔가 매미가 베짱이로 바뀌었다. 그 후 16세기 후반에 가톨릭교회의 선교사가 일본으로 들여와 가나조시仮名草子(에도시대 초기에 일본 글자인 가나 혹은 한자에 가나가 섞인 문장으로 쓰인 근세문학 작품을 총칭하는 말―옮긴이)로 쓰인 《이솝우화》가 널리 전해졌다고 한다.

우선 그리스 원작을 살펴보자.

> 겨울철에 개미들이 젖은 식량을 말리고 있었습니다.
> 굶주린 매미가 그들에게 먹을 것을 달라고 했습니다.
> 개미들은 매미에게 물었습니다.
> "왜 너는 여름에 식량을 모아놓지 않았니?"
> 매미가 대답했습니다.
> "시간이 없었어. 신나게 노래를 부르고 있었거든."
> 그러자 개미들은 코웃음을 치며 빈정거렸습니다.
> "여름에 피리를 불고 있었다면 겨울에는 춤을 추렴."
> 이 이야기는 고통과 위험에 부딪치지 않으려면 사람
> 은 모든 일에 대비해야만 한다는 교훈을 전해주고 있
> 습니다.
>
> _《이솝우화집》

이솝우화의 다른 이야기 중에 아주 비슷한 내용이 있다. 매미가 아닌 장수풍뎅이가 역시나 여름 내내 천하태평하게 지낸 데 대해 집중적으로 비난받는 〈개미와 장수풍뎅이〉라는 이야기인데, '이렇듯 번성할 때 장래를 미리 생각하지 않는 사람은 시절이 바뀌었을 때 큰 불행을 만나게 된다'는 교훈을 주

고 있다.

프랑스에서 널리 알려진 이솝우화를 바탕으로 한, 장 드 라 퐁텐Jean de la Fontaine의 우화에는 〈매미와 개미〉라는 제목으로 개미와 베짱이의 이야기가 등장한다. 하지만 이 우화를 아이들에게 가르치는 데 대해서 장 자크 루소Jean Jacques Rousseau는 대표작 《에밀》Emile에서 이렇게 비판한다.

> 다음 우화에서 당신들은 아이들에게 매미의 예를 들어 느끼게 하려고 하지만, 아이들은 그렇게 하지 않고 개미를 본받으려 한다. 사람은 남에게 머리 숙이기를 싫어한다. 아이는 항상 빛나는 역할만 맡으려고 한다. 이는 자존심에서 오는 선택이며 매우 자연스러운 행동이다. 그런데 이것은 아이들에게 알려주기에 얼마나 무서운 교훈인가. 모든 괴물 중에서도 가장 끔찍한 괴물은 인색하고 몰인정한 아이, 남이 자신에게 무엇을 원하는지 알면서도 그것을 거절하는 아이다. 개미는 더 심한 짓을 한다. 개미는 상대의 부탁을 거절할 뿐만 아니라 상대를 비웃는 행동까지도 아이들에게 가르친 것이다.
>
> _《에밀》, 장 자크 루소

아이들이 보는 그림책이나 디즈니 동화책에서는 개미가 매미에게 식량을 나눠준다는 내용으로 결말이 바뀐 경우도 많다. 이런 책에는 원작에서 표현된 개미의 편협하고 인색한 성격이 완전히 사라지고, 개미가 부지런하고 계획적이며 성실한 존재로 미화된다. 반면에 베짱이(또는 매미)는 장래를 생각하지 않고 유흥에 빠진 어리석은 존재로 그려지는 경향이 강하게 드러난다. 우리가 〈개미와 베짱이〉에서 받은 인식은 대부분 이와 같이 변형된 우화에서 비롯되었다고 할 수 있다.

하지만 이솝우화를 잘 살펴보면 〈개미〉라는 제목으로 개미가 원래 어떤 존재인지를 설명하는 흥미로운 우화를 찾아볼 수 있다.

현재의 개미는 옛날에 인간이었다. 그래서 농업에 전념했는데, 자신이 노동해서 얻은 결과에 만족하지 못하고 다른 사람의 것까지 부러운 눈으로 바라보며 언제나 이웃들의 과실을 훔쳤다. 제우스는 그의 탐욕에 노하여 그 모습을 개미라고 불리는 이 동물로 바꾸어 버렸다. 하지만 모습이 바뀌었어도 기질은 바뀌지 않았다. 오늘날까지 여전히 논밭을 기어 돌아다니며 남의 밀과 보리를 긁어모아 자신을 위해 비축하고 있으

니 말이다. 이 이야기는 태어날 때부터 악한 사람은 아
무리 심한 벌을 받아도 그 성격을 바꾸지 못한다는 것
을 보여준다.

_《이솝우화집》

개미가 훌륭하다는 이미지로 각인되어 있는 우리에게는 이
이야기가 실로 딱하게만 느껴진다. 하지만 원래의 〈매미와 개
미〉에 나오는 개미도 탐욕스럽고 인색한 존재였기 때문에 이
솝우화 안에서는 결코 모순되지 않는다.

우리 사회는 근면과 인내를 미덕으로 삼으며 미래에 대비
해 저축하는 자세를 바람직하게 여기는 경향이 무척 강해서
'개미와 베짱이'의 개미처럼 살아가야 한다고 생각하는 사람
이 압도적으로 많다. 하지만 실제로는 개미처럼 '오늘 즐기는
삶'을 희생하고 부지런히 돈을 모았지만 특별히 어디다 딱히
사용할 줄을 모르는 탓에 결국 다 쓰지 못한 유산이 남겨진 가
족들 사이에서 상속분쟁의 불씨가 되기도 한다. 이는 우리 주
위에서 얼마든지 볼 수 있는 무척 흔한 전말이다.

이러한 개미신앙은 금욕적으로 노동하며 미래에 대비하는
삶을 과도하게 찬양하고, 그 반작용으로서 '현재를 위해 살아
가는' 또는 '삶을 즐기는' 일을 옳지 못하다고 인식하는 왜곡

된 가치관을 만들어냈다. 괴로운 일을 참고 견디는 것이야말로 정당한 일이고 즐기거나 마음 편한 일은 타락으로 여겨 죄책감을 느낀다. 그러한 심리 상태로 답답한 인생을 살고 있는 사람이 오늘날에도 많이 있을 것이다.

이는 생명체로서 생각할 때 분명 이해하기 힘든 사고다. 우리가 날 때부터 갖고 있는 '유쾌/불쾌'라는 감각은 생명체로서 어느 쪽으로 나아가야 할지를 가리키는 기본 원리인데, 이것을 일일이 정반대로 받아들이니 기묘하고 부자연스러운 상태라고 할 수 있다. 정신적으로 쫓기는 사람에게서 자주 볼 수 있는 '자해행위'나 '자살충동'의 배경에는 의외로 이러한 개미 신앙의 왜곡된 가치관이 잠재해 있을지도 모른다.

더욱이 이러한 왜곡된 가치관의 배후에서 베짱이(또는 매미)가 상징하는 예술가 같은 존재가 왠지 불성실한 존재로 폄하되는 것도 실로 큰 문제가 아닐까.

삶을 칭송하고 아름다움을 좇으며 살아가는 일이 '노동'보다 가치 없는 일로 취급된다면 그것은 엄청난 인간성 타락이며 개미의 정신 상태가 인간의 인간다움을 비웃고 있는 실로 중대한 사태라 하겠다.

'현재를 살아가는 일'을 희생하고 그만큼 무언가를 차곡차곡 모아서 장래를 멋지게 살아보려는 이 비루한 '머리'의 발상은 우리의 장래가 미지수라는 데 대한 불안으로 잘도 파고들어 수많은 금융상품과 보험상품을 만들어냈다. 그러한 대비책을 완전히 부정하는 것은 아니다. 하지만 '현재를 살아가는 일'을 소홀히 하면서까지 장래에 대비한다면 이는 본말전도일 뿐이다.

지금 다시 한 번, 아우슈비츠 수용소 입구에 걸려 있던 '노동이 너희를 자유롭게 하리라'라는 표어가 얼마나 허위로 가득 찬 말인지를 떠올려보자. 게다가 개미의 철학이 얼마나 인색하고, 아름다움을 추구하며 살아가는 베짱이(또는 매미)를 우롱하는 비열한 심성에서 비롯되었는지를 생각하면 우리는 두 번 다시 그러한 독단에 속아 소중하고 '인간다운 삶'을 희생해서는 안 될 것이다.

우리는 하루하루의 생을 왜곡된 가치관에서 해방시켜 위축되지 말고 당당하게, 아름다움과 기쁨에 가득 차 살아가야 한다. 그것이 바로 '살아가는 의미'를 느낄 수 있는 인간다운 삶이다.

책을 한 권 다 쓰고 나면 이제 더 이상 쓸 것이 없다는 생각에
사로잡힌다. 전작을 출간한 후에도 이런 생각에 한동안 멍하
니 지냈다. 하지만 매일 환자들과 면담하고 생활을 이어나가
면서 나도 모르는 사이에 내 안에 앙금처럼 가라앉는 것이 있
어 아무래도 어느 시점이 되면 그것이 무엇인지를 곰곰이 생
각하지 않을 수 없었다.

'살아가는 의미'에 관해서 곱씹어보고자 하는 이 책의 주제
도 그런 데서 생겨난 문제의식이 출발점이 되었다. 하지만 막
상 책을 쓰기 시작하니, 내가 생각해도 참으로 엄청난 주제를
골랐구나 하는 생각이 글을 써내려갈수록 점점 더 절실하게

다가왔다.

생각해야만 하는 것들이 끝을 알 수 없는 늪처럼 엄청났다. '의미'와 '의의'의 차이는 무엇인가 하는 문제며, '일하는 것'과 '노는 것', '예술'의 의미에 관해서도 생각해야만 했다. 정신이 아찔해지면서도 밤샘조차 할 수 없게 된 몸 상태를 질타하고 격려하며 예정보다 훨씬 많은 시간이 걸려서야 겨우 현재 단계에서의 고찰을 정리해 마치게 되었다.

보통 마지막 장에서는 제목으로 쓸 만한 말을 떠올리면서 내용과 맞춰보는 재미가 있는데, 이 책의 경우는 실로 굉장한 제목이 나왔다는 것이 솔직한 소감이다.

그래도 이 기회에 내 안에서 말로 표현하지 못했던 내용이 꽤 정리된 듯하다. 선인들의 사상을 현대를 살아가는 우리의 생생한 고뇌와 고난에 연결하는 작업도 나름대로 잘해내지 않았나 싶다.

나는 지금 엉킨 실을 정성들여 풀어내는 듯한 작업에서 '희망'을 이야기해야 한다는 어려운 미션으로 이끌려나온 것 같다. 하지만 분명, 나 개인에게만 부여된 작은 흐름이 아니라 현대를 살아가는 우리 모두에게 던져진 주제가 아닐까 싶다.

헝그리 모티베이션의 시대가 끝나버린 오늘날에는 예전의 어떤 시대보다도 '인간만이 지닌' 지혜와 문화가 필요하다는 사실은 분명하다. 일본은 서브컬처subculture 쪽에서는 세계를 이끌고 있다. 하지만 문화 자체로는 아직 충분하다고 할 수 없다.

이제 우리는 진심으로 동경하는 대상이 없으면 앞으로 나아가지 못하는 시대를 살게 될 것이다. 그때 과연 우리가 원하고 동경하는 것을 충족시키고 감당할 수 있을 정도의 문화를 창출할 수 있을까. 바람직한 문화를 만드는 일은 현대 사회에 만연한 허무함에 치여 무너지지 않기 위해서라도 반드시 이뤄내야 할 중요한 과제다.

우리는 이미 사상과 예술을 장식에만 이용하지 않고 내 것으로 받아들여야 앞으로 나아갈 수 있는 지점에 와 있지 않을까. 그런 생각이 이 책을 써내려온 원동력이 되었다.

여러 가지 의미에서 너무 일을 크게 벌였다는 느낌도 들지만 허무함에 휩싸인 채 오늘을 살아가는 모든 분에게 이 책의 단 한 문장이라도 고민 해결의 실마리가 되기를 바란다.

이즈미야 간지

일 따위를 / 삶의 보람으로 / 삼지 마라